TRATADO SOBRE A TOLERÂNCIA

O livro é a porta que se abre para a realização do homem.

JAIR LOT VIEIRA

VOLTAIRE

Tratado sobre a tolerância

Tradução, notas e prefácio
Leandro Cardoso Marques da Silva

Copyright desta edição © 2017 by Edipro Edições Profissionais Ltda.

Título original: *Traité sur la tolérance*. Publicado originalmente em 1763 na França.

Todos os direitos reservados. Nenhuma parte deste livro poderá ser reproduzida ou transmitida de qualquer forma ou por quaisquer meios, eletrônicos ou mecânicos, incluindo fotocópia, gravação ou qualquer sistema de armazenamento e recuperação de informações, sem permissão por escrito do editor.

Grafia conforme o novo Acordo Ortográfico da Língua Portuguesa.

1ª edição, 2017.

Editores: Jair Lot Vieira e Maíra Lot Vieira Micales
Edição de texto: Marta Almeida de Sá
Produção editorial: Carla Bitelli
Capa: Ana Laura Padovan
Revisão: Thiago de Christo, Thiago Santos e Ticiano Curvelo Estrela de Lacerda (grego)
Editoração eletrônica: Estúdio Design do Livro

Dados Internacionais de Catalogação na Publicação (CIP)
(Câmara Brasileira do Livro, SP, Brasil)

Voltaire, 1694-1778.

    Tratado sobre a tolerância / Voltaire; tradução, notas e prefácio Leandro Cardoso Marques da Silva. – São Paulo: Edipro, 2017.

    Título original: *Traité sur la tolérance*; 1ª ed. 1763.
    ISBN 978-85-521-0008-9

    1. Filosofia francesa 2. Literatura francesa I. Silva, Leandro Cardoso Marques da. II. Título.

17-07433   CDD-194

Índice para catálogo sistemático:
1. Filosofia francesa 194
2. França : Filosofia 194

São Paulo: (11) 3107-4788 • Bauru: (14) 3234-4121
www.edipro.com.br • edipro@edipro.com.br
@editoraedipro   @editoraedipro

Prefácio

O Tratado sobre a tolerância em seu tempo e no nosso

O ano era 1762, no interior da França católica um cidadão protestante era brutalmente executado no suplício da roda. A multidão se regozijava com a execução pública; essa mesma multidão fora uma das atuantes principais na sucessão de eventos que conduzira o homem àquela horrível morte. O processo legal fora apressado, e as evidências, pouco estudadas, a despeito da gravidade do caso. A acusação era impensável, o assassinato de um filho pelo próprio pai. Se fosse culpado, o pai seria o bárbaro mais odioso, mas, se fosse inocente, seria o mais infeliz dos homens e a barbárie viria das mãos do próprio Estado. O fato é que esse homem era protestante e vivia num país oficialmente católico. Outro fato é que nenhuma das evidências do suposto crime era tão efusiva quanto o clamor do povo católico. Jean Calas morreu alegando sua inocência até o fim. Esse caso brutal comoveu todo o país, e foi ainda durante o calor do momento que Voltaire produziu esta obra.

Este livro foi escrito porque seu autor estava convencido da inocência de Jean Calas. Todas as circunstâncias do caso indicavam que uma única coisa levara um inocente, que acabara de perder o filho (que aparentemente se suicidara), para o suplício da roda; a intolerância religiosa. Como o próprio nome já diz, O Tratado sobre a tolerância se pretende um manifesto contra toda forma de intolerância, superstição e violência desproporcional; a obra quer inspirar a docilidade dos modos, os valores racionais, a civilidade e a paz social. Por essas razões, o livro é um retrato de seu tempo, o Iluminismo, que não podia mais suportar cenas tão deploráveis quanto a tortura e o assassinato em nome da religião. Portanto entender a época significa compreender também a obra.

O movimento iluminista do século XVIII foi a cristalização de um processo que começara mais de um século antes; a modernidade. Inspirada pela razão, a cultura europeia finalmente deixava os valores medievais e adentrara numa era de ciência e brandura de costumes, abandonando as superstições do passado. Desde o início da modernidade, no século xvii, os avanços filosóficos e científicos vinham mudando completamente a forma pela qual a humanidade se entendia a si própria e compreendia seu lugar no universo. A anatomia e a natureza do corpo humano eram descobertas, a moral e o poder político passavam a ser ordenados pela razão e não mais pela autoridade religiosa, a mecânica da natureza era desvendada e com isso o controle humano sobre ela aumentava, o geocentrismo caíra e a humanidade, além de já se saber não ser o centro do universo, começava a ter ideia de sua insignificância perante sua imensidão. Em uma palavra, a filosofia moral conduzia os costumes no lugar da tradição teocrática, e a filosofia natural explicava o mundo no lugar da superstição. A geração do século xviii vivia os resultados dessas revoluções culturais e intelectuais na forma de um mundo – social e científico – mais organizado e apontando para progressos cada vez maiores. Esse foi o século da *Enciclopédia*; o conhecimento era enaltecido, catalogado e organizado. A razão era um valor fundamental para a humanidade europeia, que permitia apaziguar as violências políticas e controlar as intempéries da natureza. A faculdade racional mediava a relação humana consigo e com o mundo; o resultado era uma sociedade mais esclarecida sobre si e sua própria potência. Não por acaso, o período ficou conhecido como Iluminismo ou ilustração, pois as luzes da razão iluminavam o mundo.

O entusiasmo em relação aos poderes da razão era tal que um filósofo como Immanuel Kant afirma que aquela era a época na qual a humanidade atingira sua maioridade. Graças à razão, a humanidade estava esclarecida a ponto de adquirir a autonomia de servir-se de seu próprio entendimento. O clima do século das luzes era de entusiasmo e fé progressista. A civilização ocidental, desde o fim da Antiguidade clássica, nunca fora tão sofisticada. Eis que, nessa época de fineza social, ocorre um caso absurdo como o de Calas, motivado pela intolerância religiosa. Talvez fosse de se pensar que aquilo fora uma infeliz exceção, mas não era. Conflitos religiosos ainda eram capazes de motivar barbaridades em toda a Europa. Por essa razão, Voltaire se sente tão impelido a escrever seu tratado; já era hora de a humanidade agir de acordo com as conquistas racionais.

O objetivo do *Tratado* é claro; pregar a tolerância, pregar um comportamento social que condiga com a fineza de espírito do século das luzes. Voltaire era o autor ideal para realizar tal obra. Escritor produtivo e versátil, François Marie Arouet era um dos maiores intelectuais da França, o país centro do Iluminismo. O autor do *Cândido* era um pensador sagaz, capaz de se expressar de diversas maneiras escritas, por meio de ensaios, panfletos e até romances literários. Polemista e irônico, Voltaire não tinha medo de publicar seus pensamentos, mesmo quando criticava os poderes vigentes como a Igreja e a monarquia absolutista; esse comportamento lhe rendeu duas prisões e um período refugiado na Inglaterra. Como filósofo, foi um verdadeiro ícone do iluminismo, e suas ideias influenciaram os ideais revolucionários desse século. Por isso, Voltaire era um autor de quem se esperava a produção de uma obra como o *Tratado*. O apelo pela liberdade de pensamento e de crença religiosa só poderia ter vindo do autor a quem atribuem a famosa frase "não concordo com o que dizes, mas defenderei até a morte o direito de o dizeres".

Para realizar sua crítica sobre a intolerância, o autor apresenta primeiro o incidente violento que inspirou o livro; em seguida, investiga o histórico da intolerância na Antiguidade para mostrar suas consequências. Porém um leitor atento percebe que, mais do que um histórico da intolerância entre os povos antigos, o livro trata de uma profunda autocrítica da sociedade europeia que lhe era contemporânea. É tendo em vista tal autocrítica que Voltaire reconta as histórias dos antigos hebreus, gregos e romanos. Ele quer mostrar, a todo momento, como sociedades mais antigas e brutas eram capazes de tolerar uma pluralidade de crenças e ideais em seu meio. E essa virtude não era compartilhada por uma sociedade que se dizia cristã e racional. O resultado dessa incapacidade de aceitar o diferente, entre os europeus da Era Moderna, só gerou como resultado uma história sangrenta, carregada de mortes gratuitas, perseguições, tumultos, ódios e revoltas. Nada que beneficiasse uma religião que pregava o amor ou o avanço da ciência e da sociedade. Daí vem a conclusão de Voltaire: é preciso tolerância. Pois, como a filosofia política já sabia desde a época de Maquiavel e de Hobbes, não há nada mais danoso para a sociedade do que a violência e a guerra. A paz é um bem que deve ser buscado em prol do Estado e dos cidadãos. E apenas a tolerância e, consequentemente, a liberdade de crença e de pensamento podem garantir essa paz tão necessária. A tolerância não é apenas a atitude moralmente mais correta, mas é também a medida mais eficaz que um Estado pode adotar caso queira desenvolver-se, pois a brandura da razão é mais eficaz do que a força para garantir a desejada paz. Em outras palavras, a tolerância é um imperativo ético e estratégico.

No que consiste essa tolerância defendida por Voltaire? Não se trata da hipocrisia de uma falsa neutralidade e imparcialidade diante de toda diversidade, já que o próprio autor explicita, a todo instante, sua desconfiança em relação às pessoas do interior, seu repúdio em relação aos jesuítas e crentes de outras religiões. Ou seja, não é um sentimento ingênuo de acolher todas as diferenças. A proposta de Voltaire se restringe a reconhecer os limites e a falibilidade do julgamento humano, a permanente possibilidade de se estar em engano, comum a qualquer um que adote uma ideia. Se alguém estivesse enganado em relação à fé, não caberia aos humanos realizar uma justiça que pertenceria a Deus. Caso o engano seja em relação a alguma ideia ou opinião intelectual, este não pode causar mais males à sociedade do que a perseguição causaria (com a única exceção do pensamento intolerante, esse é o único que não pode ser acolhido numa sociedade livre, pois desmoronaria o próprio edifício político em que se encontrasse). Portanto tolerância é um valor irmanado da universalidade. Apesar de termos tantas opiniões diferentes sobre tudo, é justamente a imperfeição comum ao gênero humano que causa tantas divergências. No fundo, o que, aparentemente, nos separa é algo que todos temos em comum. Sendo assim, seria melhor se aceitássemos a natural diversidade dos costumes humanos e nos apoiássemos mutuamente nessa vida passageira e difícil, cujas dores e alegrias compartilhamos igualmente, do que se gastássemos nosso curto tempo perseguindo-nos e matando-nos, transformando este mundo num reino de insegurança e medo, piorando o que, por si só, já não seria fácil. Essa é a mensagem de Voltaire. Por mais simples e modesta que ela pareça, não é facilmente aceita, ou seu conteúdo não é praticado. Acontece que o autor tinha plena consciência de que o coração intolerante é movido por paixões fortes. O fanatismo e a perseguição não podem ser convencidos com mensagens simples, por mais óbvias e justas que sejam. Por isso ele se dedica a escrever esse tratado, para tocar à razão da geração das luzes, num assunto em que unicamente a paixão costuma dominar.

Quase dois séculos e meio nos separam dessa obra sobre a tolerância. O que pode ser dito sobre o mundo atual com relação a esse assunto? Que, infelizmente, o livro de Voltaire continua atual.

Contrariando a expectativa iluminista, o mundo não seguiu a senda da harmonia. Guerras e massacres continuaram aumentando em frequência e intensidade. O pior: como os autores da Escola de Frankfurt mostraram, a razão, tão aclamada no século XVIII, mostrou seu poder destrutivo quando foi usada instrumentalmente em prol da guerra. A ciência não emancipou a humanidade; em vez disso, produziu armas de destruição em massa. Esse processo culminou, durante a Segunda Guerra Mundial e em sua fábrica de extermínio, no holocausto e na bomba atômica (projeto no qual trabalharam algumas das mais brilhantes mentes científicas da época). Por sinal, o holocausto foi motivado pela antiga intolerância contra a minoria judia na Europa. O nazifascismo marcou a face do século XX num processo de perseguições e extermínios que horrorizaria Voltaire. Quanto ao século XXI, iniciou-se com o maior atentado terrorista até então. O alvo foi o país que se pretende o atual centro do mundo ocidental e da civilização. A resposta desse país, pretensamente tão evoluído, foi uma série de "guerras ao terror" que matou centenas de milhares de civis e desestabilizou a complicada região do Oriente Médio. Antigos ódios e preconceitos foram realçados. Os árabes passam a ser estigmatizados como terroristas e intolerantes. Consequentemente, sofreram intolerância. Hoje presenciamos uma infinda guerra civil na Síria e a subsequente maior crise de refugiados da história, desde a Segunda Guerra. A Europa fecha suas fronteiras para essas multidões de desesperados (esquece-se dos tempos das colonizações e das vezes em que seu povo refugiou-se nas colônias fugindo de suas próprias guerras). A xenofobia aumenta no mundo todo. Como resultado de tanta instabilidade, grupos fundamentalistas tentam fundar Estados teocráticos. A África presencia a barbárie do Boko Haram, o Oriente Médio vê a ascensão do Estado Islâmico, esse grupo que, em seu ímpeto de ódio ao diferente, não perdoa nem o legado da antiga civilização mesopotâmica e destrói monumentos milenares sob a alegação de idolatria. A ideia de muros para dividir países volta à tona. Enfim, numa era de avanços tecnológicos sem precedentes, o mundo está num turbilhão de ódio e intolerância que espantaria quem já acreditou que apenas a razão poderia guiar a humanidade rumo a um futuro melhor.

Olhando para esse cenário aparentemente distante, o Brasil parece se destacar com sua história pacífica e seu povo acolhedor.

Nosso país é conhecido como uma terra de povo alegre e miscigenado, sempre disposto a receber bem aqueles que vêm de fora, um país que sempre esteve alheio às guerras e aos conflitos do resto do mundo, onde as diferenças são bem-vindas e convivem numa contínua festa. Mas a verdade não é bem essa nem no passado nem no presente. Olhando de relance para a história de nosso país, vemos que ele foi fundado e construído sobre o sangue de índios e negros. Após séculos de genocídio e exploração, essas minorias raciais continuam sendo exterminadas até hoje, seja no campo ou na periferia das grandes cidades. Além disso, casos como o massacre de Canudos nos lembram de que, mesmo sem se envolver em guerras exteriores, o Estado brasileiro soube ser assassino. Esse cenário de violência permanece ainda hoje. Números mostram que, mesmo com a ausência de guerras, a América Latina é a região mais violenta do mundo. Aqui, armas de fogo matam mais do que em alguns países que passam por conflitos bélicos. No Brasil a situação não é diferente. Vidas ceifadas pela violência urbana e rural fazem parte do cotidiano. A população, cansada de tanta insegurança e impunidade, começa a responder ao medo com o ódio. Começam a crescer os relatos de linchamentos públicos. Pessoas acusadas de cometerem supostos furtos e pequenos delitos são amarradas e espancadas até a morte por multidões enfurecidas num espetáculo tenebroso que encheria de orgulho os provincianos que uma vez imolaram Jean Calas.

Portanto, o *Tratado sobre a tolerância* nunca foi tão atual. O apelo pela paz, pela liberdade e pela prudência ainda se faz presente para uma humanidade que não aprendeu a usar a razão em seu benefício. O livro e a mensagem de Voltaire ainda têm muito a dialogar com qualquer sociedade que queira colher os benefícios da pluralidade de ideias, no lugar dos malefícios da perseguição, que queira viver de acordo com uma ética racional e empática, em vez de viver impelida por paixões de medo e ódio. Voltaire mostra que a razão deve estar a favor da sociedade e o desenvolvimento humano depende da tolerância, como um valor universal. Nesse sentido, o *Tratado* é um livro contemporâneo.

Leandro C. M. da Silva

Tratado sobre a tolerância
Por ocasião da morte de Jean Calas

1. História resumida da morte de Jean Calas

O assassínio de Calas, cometido em Toulouse com o gládio da justiça, em 9 de março de 1762, é um dos mais singulares eventos que merecem a atenção de nossa época e da posteridade. Esquece-se sem demora da multidão de mortos que pereceu em um sem-número de batalhas. Não apenas porque é a fatalidade inevitável da guerra, mas porque aqueles que morrem pela sorte das armas podiam também dar morte a seus inimigos e, de modo algum, sucumbiram sem se defender. Lá onde o perigo e o benefício são iguais, o espanto cessa e a própria piedade se enfraquece. Porém, se um pai de família inocente é entregue às mãos do erro, ou da paixão, ou do fanatismo, se o acusado não tem outra defesa senão sua virtude, se os árbitros de sua vida, ao degolá-lo, correm apenas o risco de se enganar, se podem matar impunemente através de uma sentença, então o clamor público se ergue, cada um clama por si mesmo, percebe-se que ninguém está seguro de sua vida diante de um tribunal erguido para velar sobre a vida dos cidadãos, e todas as vozes se reúnem para pedir vingança.

Tratava-se, neste estranho caso, de religião, de suicídio e de parricídio. Tratava-se de saber se um pai e uma mãe haviam estrangulado seu filho para agradar a Deus, se um irmão havia estrangulado seu irmão, se um amigo havia estrangulado seu amigo, e se os juízes tinham de ser censurados por terem feito morrer na roda* um pai inocente, ou por haverem poupado uma mãe, um irmão e um amigo culpados.

Jean Calas, com 68 anos, exercia a profissão de negociante em Toulouse havia mais de quarenta anos e era reconhecido, por todos aqueles que com ele conviveram, como um bom pai. Era protestante, assim como sua esposa e todos os seus filhos, exceto um, que havia abjurado a heresia e a quem seu pai pagava uma pequena pensão. Ele parecia tão afastado desse absurdo fanatismo que rompe todos os laços da sociedade, que aprovou a conversão de seu filho Louis Calas e manteve durante trinta anos em sua casa uma empregada católica devota que criou todos os seus filhos.

---

* O suplício da roda. Uma horrível forma de tortura e execução pública na qual o indivíduo era esticado numa roda de madeira; assim, seus ossos e membros eram quebrados. Após ser estraçalhado, o indivíduo era deixado para morrer. Por fim, o corpo morto ainda ficava em exposição na própria roda. (N. T.)

Um dos filhos de Jean Calas, chamado Marc-Antoine, era um homem de letras. Passava-se por um espírito inquieto, sombrio e violento. Esse jovem, não conseguindo nem entrar no comércio, para o qual não tinha inclinação, nem ser aceito como advogado, pois eram necessários certificados de catolicidade que ele não pôde obter, resolveu acabar com sua vida, e fez pressentir essa intenção a um de seus amigos. Ele se confirmou em sua resolução pela leitura de tudo o que já fora escrito sobre o suicídio.

Um dia, enfim, tendo perdido seu dinheiro no jogo, resolveu executar seu intento. Um amigo seu e da família, chamado Lavaisse, jovem de 19 anos, conhecido pela candura e docilidade de seus modos, filho de um célebre advogado de Toulouse, havia chegado de Bordeaux na véspera.[1] Ele jantara, casualmente, na casa dos Calas. O pai, a mãe, Marc-Antoine e seu segundo filho, Pierre, comeram juntos. Após o jantar, retiraram-se para uma pequena sala. Marc-Antoine desapareceu. Enfim, quando o jovem Lavaisse quis partir, Pierre Calas e ele, tendo descido, encontraram no térreo, junto à loja, Marc-Antoine de camisola, enforcado em uma porta, e sua roupa dobrada sobre o balcão; sua camisola não estava sequer desarrumada; seus cabelos estavam bem penteados; não havia em seu corpo ferimento algum, nem hematoma.[2]

Fornecemos, aqui, todos os detalhes que foram apresentados pelos advogados. De maneira alguma descreveremos a dor e o desespero do pai e da mãe; seus gritos foram ouvidos pelos vizinhos. Lavaisse e Pierre Calas, fora de si, correram a procurar cirurgiões e a justiça.

Enquanto eles cuidavam desse dever, enquanto o pai e a mãe estavam em soluços e lágrimas, o povo de Toulouse juntou-se em torno da casa. Esse povo é supersticioso e impetuoso; olha como monstros seus irmãos que não são de sua mesma religião. Foi em Toulouse que agradeceram solenemente a Deus pela morte de Henrique III, e que juraram degolar o primeiro que falasse em reconhecer o grande, o bom, Henrique IV. Esta cidade ainda soleniza, todos os anos, por meio de uma procissão e com fogos de festa, o dia em que massacrou quatro mil cidadãos heréticos dois séculos atrás. Em vão, seis sentenças do conselho proibiram essa odiosa festa; os toulousianos sempre a celebravam assim como aos jogos florais.*

---

* Concurso literário anual, celebrado em Toulouse e iniciado no século XIV. (N. T.)

Algum fanático do populacho gritou que Jean Calas havia enforcado seu próprio filho, Marc-Antoine. Esse grito, repetido, tornou-se unânime num instante. Outros acrescentaram que o morto deveria fazer abjuração no dia seguinte, que sua família e o jovem Lavaisse haviam-no estrangulado por conta do ódio contra a religião católica. No momento seguinte não houve mais dúvida: toda a cidade foi persuadida de que é uma regra religiosa entre os protestantes que um pai e uma mãe devem assassinar seu filho tão logo ele queira se converter.

Os espíritos, uma vez excitados, de modo algum se detêm. Imaginou-se que os protestantes do Languedoque* haviam se reunido na véspera, que eles haviam escolhido, em pluralidade de vozes, um carrasco da seita, que a escolha havia caído sobre o jovem Lavaisse, que esse jovem, em vinte e quatro horas, recebera a notícia de sua eleição e chegara de Bordeaux para ajudar Jean Calas, sua mulher e seu filho Pierre a estrangular um amigo, um filho, um irmão.

O senhor David, magistrado de Toulouse, animado por esses rumores e querendo promover-se por uma ação imediata, realizou um processo contra as regras e as ordenanças. A família Calas, a criada católica e Lavaisse foram postos atrás das grades.

Publicou-se uma citação eclesiástica não menos viciosa que o processo. Foram ainda mais longe: Marc-Antoine Calas morrera calvinista, e se havia atentado contra si próprio, deveria ser arrastado sobre a lama. Sepultaram-no com a maior das pompas na igreja Saint-Étienne, apesar do pároco que protestava contra essa profanação.

Existiam, no Languedoque, quatro confrarias de penitentes, a branca, a azul, a cinza e a negra. Os confrades usavam um longo capuz, com uma máscara de pano provida de dois furos para deixar a vista livre. Eles quiseram introduzir o senhor duque de Fitz-James, comandante da província, em sua corporação, e ele o recusou. Os confrades brancos fizeram para Marc-Antoine Calas um serviço solene, como a um mártir. Nunca uma igreja celebrou o festejo de um verdadeiro mártir com maior pompa. No entanto essa pompa produziu um resultado terrível. Ergueram acima de um magnífico cadafalso um esqueleto − o qual faziam movimentar-se −, que representava Marc-Antoine Calas, tendo em uma das mãos uma palma

---

* *Languedoc.* Região no sul da França. (N. T.)

e na outra a pena com a qual deveria assinar a abjuração de heresia e, com efeito, escrevia a sentença de morte de seu pai.

Então não faltava mais nada ao infeliz, que atentara contra si próprio, senão a canonização. Todo o povo o via como um santo. Alguns o invocavam, outros rezavam sobre sua tumba, outros lhe rogavam por milagres, outros ainda relatavam aquilo que ele já havia feito. Um monge lhe arrancou alguns dentes para possuir relíquias duradouras. Uma devota, um pouco surda, disse ter ouvido o som de sinos. Um padre apoplético foi curado após ter tomado o vomitório. Redigiram relatórios desses prodígios. Este que escreve o presente relato tem um testemunho de que um jovem de Toulouse enlouqueceu por ter rezado várias noites sobre o túmulo do novo santo e não ter conseguido obter um milagre que lhe implorava.

Alguns magistrados eram da confraria dos penitentes brancos. A partir desse momento, a morte de Jean Calas pareceu inevitável.

O que, sobretudo, proporcionou seu suplício foi a aproximação dessa festa singular que os toulousianos celebram todos os anos em memória a um massacre de quatro mil huguenotes. O ano de 1762 era o ano do segundo centenário. Preparava-se em Toulouse o aparato dessa solenidade. Isso inflamava ainda mais a imaginação já aquecida do povo. Dizia-se publicamente que o cadafalso, sobre o qual submeteriam os Calas ao suplício da roda, seria o maior ornamento da festa. Dizia-se que a Providência, ela própria, trazia essas vítimas para ser sacrificadas pela santa religião. Vinte pessoas ouviram esses discursos e outros ainda mais violentos. E isso em nossos dias! E isso numa época na qual a filosofia fez tantos progressos! E isso enquanto cem academias escrevem para inspirar a delicadeza dos costumes! Parece que o fanatismo, indignado desde os pequenos sucessos da razão, debate-se sob esta com ainda mais furor.

Treze juízes se reuniram por vários dias para concluir o processo. Não havia nem se podia ter nenhuma prova contra a família. Entretanto a religião equivocada fazia as vezes de prova. Seis juízes insistiram por muito tempo em condenar Jean Calas, seu filho e Lavaisse à roda, e a esposa de Jean à fogueira. Sete outros, mais moderados, queriam que, ao menos, se averiguasse. Os debates foram reiterados e longos. Um dos juízes, convencido da inocência dos acusados e da impossibilidade do crime, discursou avidamente em seu favor. Ele opôs o zelo da humanidade ao da severidade, tornou-se o advogado público dos Calas em todas as casas de Toulouse, onde os gritos contínuos da religião equivocada exigiam o sangue desses desafortunados. Outro juiz, conhecido por sua violência, falava na cidade com tanta impetuosidade contra os Calas quanto o anterior mostrava empenho ao defendê-los. Por fim, o estrondo das vozes foi tamanho que ambos foram obrigados a julgarem-se incompetentes. Saíram do caso.

Contudo, por uma estranha infelicidade, o juiz favorável aos Calas teve a delicadeza de persistir em seu afastamento; já o outro voltou para dar seu voto contra aqueles a quem não deveria sequer julgar. Foi esse voto que constituiu a condenação ao suplício da roda, pois não houve senão oito vozes contra cinco, um dos seis juízes opostos tendo, ao fim, após muita contestação, passado ao partido mais severo.

Parece que quando se trata de um parricídio e de entregar um pai de família ao mais hediondo suplício, o julgamento deveria ser unânime, pois as provas de um crime tão inconcebível[3] deveriam ser de uma evidência perceptível para todo mundo. A menor das dúvidas em semelhante caso deve bastar para estremecer um juiz que vai assinar uma sentença de morte. A fraqueza de nossa razão e a insuficiência de nossas leis se fazem sentir todos os dias, mas em qual ocasião descobre-se melhor sua miséria do que quando a preponderância de uma única voz condena um cidadão ao suplício da roda? Em Atenas eram necessárias cinquenta vozes além da metade para ousar-se pronunciar um julgamento de morte. O que resulta disso? O que, muito inutilmente sabemos, que os gregos eram mais sábios e mais humanos do que nós.

Parecia impossível que Jean Calas, idoso de 68 anos, que havia muito tempo tinha as pernas inchadas e fracas, tivesse sozinho estrangulado e enforcado um filho de 28 anos de idade, que tinha uma força acima do comum. Era absolutamente necessário que ele tivesse sido ajudado nessa execução por sua mulher, por seu filho Pierre Calas, por Lavaisse e pela criada. Eles não haviam se separado por um só momento na noite dessa fatal aventura. Porém esta suposição era ainda mais absurda do que a outra: pois como uma devotada criada católica teria suportado que os huguenotes assassinassem um jovem criado por ela para puni-lo por amar sua própria religião? Como Lavaisse teria vindo expressamente de Bordeaux para estrangular seu amigo de quem ele ignorava a suposta conversão? Como uma mãe afetuosa teria agredido o próprio filho? Como todos juntos teriam estrangulado um jovem homem tão robusto quanto eles todos, sem um combate longo e violento, sem horríveis gritos que teriam chamado toda a vizinhança, sem reiterados golpes, sem hematomas, sem roupas rasgadas?

Era evidente que, se o parricídio pudesse ter sido cometido, todos os acusados seriam igualmente culpados, pois eles não haviam se separado em momento algum. Era evidente que não o haviam feito. Era evidente que o pai sozinho não poderia ter cometido o crime; entretanto a sentença condenou apenas esse pai a expirar sobre a roda.

O motivo da sentença era tão inconcebível quanto todo o resto. Os juízes que estavam decididos pelo suplício de Jean Calas convenceram os outros de que esse velho fraco não conseguiria resistir aos tormentos, e que ele confessaria sob o golpe dos carrascos seu crime e o de seus cúmplices. Ficaram confusos quando esse velho, morrendo sobre a roda, clamou a Deus para testemunhar sua inocência e conjurou-o a perdoar seus juízes.

Eles foram obrigados a prestar uma segunda sentença, contraditória com a primeira, libertaram a mãe, seu filho Pierre, o jovem Lavaisse, e a criada. Porém um dos conselheiros, fazendo-os perceber que esta sentença invalidava a outra, que elas se condenavam mutuamente, que, estando sempre juntos todos os acusados durante o tempo em que se supunha o parricídio, a soltura de todos os sobreviventes provava indiscutivelmente a inocência do pai de família executado, tomaram o caminho de banir Pierre Calas, seu filho. Tal banimento parecia tão inconsequente, tão absurdo quanto todo o resto. Pois Pierre Calas era culpado ou inocente do parricídio? Se fosse culpado, seria preciso submetê-lo ao suplício da roda como a seu pai. Se fosse inocente, não seria necessário bani-lo. No entanto os juízes, atemorizados com o suplício do pai e com a comovente piedade com a qual morrera, imaginaram salvar sua honra fazendo crer que eles eram benevolentes com o filho, como se isso não fosse uma nova prevaricação, tal benevolência. E acreditaram que o banimento desse jovem pobre e sem apoio, sendo sem consequências, não seria uma grande injustiça, após aquela que eles tiveram a infelicidade de cometer.

Começaram por ameaçar Pierre Calas em seu calabouço, de tratá-lo como a seu pai caso ele não abjurasse sua religião. É isso o que esse jovem[4] atesta por juramento.

Pierre Calas, ao sair da cidade, encontrou-se com um abade convertedor que o fez voltar para Toulouse. Encerraram-no em um convento de dominicanos e lá o obrigaram a cumprir todas as funções do catolicismo. Em parte, era isso o que queriam; era o preço do sangue de seu pai. E a religião, que haviam acreditado vingar, parecia satisfeita.

Tomaram as filhas de sua mãe e as encerraram em um convento. Essa mulher, quase banhada com o sangue de seu marido, tendo sustentado seu filho primogênito morto em seus braços, vendo o outro banido, privada de suas filhas, despojada de todos os seus bens, estava sozinha no mundo, sem pão, sem esperança, e moribunda pelo excesso de infelicidade. Algumas pessoas, tendo examinado ponderadamente todas as circunstâncias dessa horrível aventura, ficaram tão chocadas que pressionaram a senhora Calas, isolada em sua solidão, por ousar exigir justiça ao pé do trono. Ela não podia, então, sustentar-se; extinguia-se. Além disso, tendo nascido inglesa, sido transferida para uma província da França em sua juventude, apenas o nome da cidade de Paris a assustava. Ela imaginava que a capital do reino deveria ser ainda mais bárbara que a do Languedoque. Enfim, o dever de vingar a memória de seu marido superou sua fraqueza. Ela chegou a Paris quase morrendo. Ficou surpresa por encontrar acolhimento, socorro e lágrimas.

A razão sobrepuja, em Paris, o fanatismo, não importa quão grande seja ele, enquanto na província o fanatismo sobrepuja quase sempre a razão.

O senhor de Beaumont, célebre advogado do parlamento de Paris, tomou inicialmente sua defesa e redigiu um parecer que foi assinado por quinze advogados. O senhor Loiseau, não menos eloquente, compôs um memorial em favor da família. O senhor Mariette, advogado no conselho, realizou um requerimento jurídico que levava à convicção em todos os espíritos.

Esses três defensores das leis e da inocência doaram à viúva o lucro das publicações de suas apologias.[5] Paris e a Europa inteira se comoveram piedosamente e pediram justiça para essa mulher desafortunada. A sentença foi pronunciada por todo o público muito antes que pudesse ser assinada pelo conselho.

A piedade adentrou até o ministério, malgrado a contínua torrente de afazeres que sempre exclui a piedade, e malgrado o hábito de ver os infelizes, o que pode endurecer ainda mais o coração.

Devolveram as filhas à mãe. As três foram vistas cobertas de luto e banhadas em lágrimas, o que proporcionou lágrimas também em seus juízes.

Entretanto essa família teve ainda alguns inimigos, pois tratava-se de religião. Muitas pessoas que na França são chamadas de devotas[6] disseram, alto e bom som, que era melhor deixar submeter à roda um velho calvinista inocente do que expor oito conselheiros do Languedoque a admitir que haviam se enganado. Serviram-se, mesmo, desta expressão: "Há mais magistrados do que Calas". E daí inferiram que a família Calas devia ser imolada em honra da magistratura. Não imaginavam que a honra dos juízes consiste, tal qual a dos outros homens, em reparar suas faltas. Não se acredita na França que o papa, assistido por seus cardeais, seja infalível. Da mesma forma, poder-se-ia crer que oito juízes de Toulouse não o são. Todo o resto das pessoas sensatas e desinteressadas dizia que a sentença de Toulouse seria rescindida em toda a Europa, ainda que considerações particulares impedissem que ela fosse rescindida no conselho.

Tal era o estado dessa espantosa aventura, quando ela fez nascer nas pessoas imparciais, mais sensíveis, o desígnio de apresentar ao público algumas reflexões sobre a tolerância, sobre a indulgência, sobre a comiseração, que o abade Houtteville nomeia *dogma monstruoso* em sua declamação empolada e errônea sobre os fatos, e que a razão nomeia *o apanágio da natureza*.

Ou os juízes de Toulouse, conduzidos pelo fanatismo do populacho, fizeram supliciar na roda um pai de família inocente, o que não é um exemplo, ou este pai de família e sua mulher estrangularam seu filho primogênito auxiliados, neste parricídio, por outro filho e por um amigo, o que é antinatural. Em um ou outro caso, o abuso da religião, a mais santa, produziu um grande crime. É, então, do interesse do gênero humano examinar se a religião deve ser caridosa ou bárbara.

11. Consequências do suplício de Jean Calas

Se os penitentes brancos foram a causa do suplício de um inocente, da ruína total de uma família, de sua dispersão e do opróbrio que não deveria estar associado senão à injustiça, mas que o está ao suplício. Se essa precipitação dos penitentes brancos em celebrar como um santo aquele a quem, segundo nossos costumes bárbaros, deveria ter sido arrastado na lama, submeteu ao suplício da roda um pai de família virtuoso; esta infelicidade deve, sem dúvida, torná-los penitentes, com efeito, pelo resto de suas vidas. Eles e os juízes devem chorar, mas não com um longo hábito branco e uma máscara sobre o rosto que esconderia suas lágrimas.

Respeitam-se todas as confrarias; elas são edificantes. No entanto, por maior bem que elas possam fazer ao Estado, igualar-se-á tal bem a esse mal hediondo que elas causaram? Elas parecem instituídas pelo zelo que, no Languedoque, anima os católicos contra aqueles a quem nomeamos huguenotes. Dir-se-ia que fizeram voto de odiar seus irmãos, pois temos religiosidade suficiente para odiar e perseguir, e não a temos para amar e socorrer. E o que seria se essas confrarias fossem governadas por entusiastas, como o foram outrora algumas congregações de artesãos e de *senhores*, nas quais reduzia-se em arte e em sistema o hábito de ter visões, como diz um de nossos mais sábios e eloquentes magistrados? O que ocorreria se fossem estabelecidos nas confrarias esses quartos obscuros chamados de *câmaras de meditação*, onde pintavam-se diabos armados de chifres e garras, abismos de chamas, cruzes e punhais, com o santo nome de Jesus acima do quadro? Que espetáculo em olhos já fascinados, e para imaginações tão inflamadas quanto submissas a seus diretores!

Houve tempos, sabe-se por demais, nos quais as confrarias eram perigosas. Os frérots,* os flagelantes, causaram problemas. A Liga começou por tais associações. Por que se distinguir assim dos outros cidadãos? Consideravam-se mais perfeitos? Isso já era um insulto ao resto da nação. Queriam que todos os cristãos entrassem nas confrarias? Seria um belo espetáculo para a Europa, em capuz e máscara,

---

* Conhecidos pelo nome italiano *fraticelli* (irmãozinhos). Um grupo católico medieval famoso por não se submeter às autoridades oficiais. (N. T.)

com dois pequenos buracos redondos diante dos olhos! Pensam de boa-fé que Deus prefere essa vestimenta esquisita a um fato?* E tem mais: essa vestimenta é um uniforme de controversistas, que advertem os adversários a se porem em armas. Isso pode incitar uma espécie de guerra civil nos espíritos, e esta terminaria, talvez, em funestos excessos se o rei e seus ministros não fossem tão sábios quanto os fanáticos são insensatos.

Sabemos bem quanto isso custou desde que os cristãos disputam sobre o dogma: o sangue escorreu, seja sobre os cadafalsos, seja nas batalhas, desde o século IV até os nossos dias. Limitemo-nos, aqui, às guerras e aos horrores que as querelas da Reforma excitaram, e vejamos qual foi sua origem na França. Talvez um quadro abreviado e fiel de tantas calamidades abrirá os olhos de algumas pessoas pouco instruídas e tocará corações benfeitos.

---

* Vestimenta ajustada. (N. T.)

III. Ideia da Reforma do século XVI

Quando, no renascimento das letras, os espíritos começaram a se iluminar, queixaram-se, generalizadamente, dos abusos. Todo mundo admitiu que essa queixa era legítima. O papa Alexandre VI havia comprado publicamente a tiara, e seus cinco bastardos dela partilhavam as vantagens. Seu filho, o cardeal duque de Bórgia, fez perecer, com a cooperação do papa, seu pai, os Vitelli, os Urbino, os Gravina, os Oliveretto, e cem outros senhores, para tomar seus domínios. Júlio II, animado pelo mesmo espírito, excomungou Luís XII, deu seu reino ao primeiro ocupante e, ele próprio, de capacete na cabeça e couraça sobre o corpo, pôs a ferro e sangue uma parte da Itália. Leão X, para custear seus prazeres, traficou indulgências como se vendem alimentos em um mercado público. Aqueles que se elevaram contra tanto banditismo não possuíam, pelo menos, nenhum erro na moral. Vejamos se o tinham contra nós na política.

Diziam que Jesus Cristo, não tendo jamais exigido anatas nem reservas, nem vendido dispensas para este mundo e indulgências para o outro, poderia, então, deixar de pagar para um príncipe estrangeiro o preço de todas essas coisas. Mesmo que as anatas, os processos na corte de Roma e as dispensas que ainda subsistem nos dias de hoje nos custassem apenas quinhentos mil francos por ano, está claro que já pagamos desde Francisco I, em duzentos e cinquenta anos, cento e vinte e cinco milhões. E, avaliando os diferentes preços do marco de prata, esta soma corresponde a cerca de duzentos e cinquenta milhões nos valores de hoje. Podemos, então, convir sem blasfêmia que os heréticos, ao proporem a abolição destes singulares impostos dos quais a posteridade se espantará, não faziam com isso um grande mal ao reino, e que eles estavam mais para bons calculadores do que para maus sujeitos. Acrescentemos que eles eram os únicos que sabiam a língua grega e que conheciam a Antiguidade. Não dissimulemos, de modo algum, que, malgrado os seus erros, devemos a eles o desenvolvimento do espírito humano, por muito tempo enterrado na mais espessa barbárie.

Mas, como eles negavam o purgatório, do qual não se deve duvidar e que, aliás, rendia muito aos monges; como não reverenciavam as relíquias, as quais se deve reverenciar, mas que rendiam ainda mais; enfim, como eles atacavam dogmas muito respeitados,[7] não responderam a eles de outra forma senão fazendo-os queimar. O rei que os protegia e os financiava na Alemanha marchou em Paris à frente de uma procissão após a qual executaram numerosos desses infelizes. E eis qual foi essa execução: os suspendiam na ponta de uma grande viga que pendulava sobre uma árvore, um grande fogo era aceso abaixo deles; neste, eram mergulhados e retirados alternadamente. Provavam os tormentos da morte gradativamente, até que expirassem através do mais longo e hediondo suplício já inventado pela barbárie.

Pouco tempo antes da morte de Francisco I, alguns membros do parlamento da Provença, incitados por eclesiásticos contra os habitantes de Mérindol e de Cabrières, pediram ao rei tropas para apoiar a execução de dezenove pessoas dessa região, por eles condenados. Fizeram degolar seis mil, sem perdoar nem ao sexo, nem à velhice, nem à infância. Reduziram trinta burgos a cinzas. Essas pessoas, até então desconhecidas, haviam cometido o erro, sem dúvida, de ter nascido valdense. Essa era sua única iniquidade. Eles haviam se estabelecido durante trezentos anos em desertos e montanhas, os quais tornaram férteis por meio de um incrível trabalho. Suas vidas pastoris e tranquilas retratavam a inocência atribuída às primeiras eras do mundo. As cidades vizinhas só eram conhecidas por eles por conta do comércio das frutas que iam vender; ignoravam os processos e a guerra. Eles não se defenderam. Os degolaram como animais fugitivos que se matam dentro de um cercado.[8]

Após a morte de Francisco I, príncipe mais conhecido, entretanto, pelos seus galanteios e infortúnios do que por suas crueldades, o suplício de mil heréticos, sobretudo o do conselheiro do parlamento Dubourg e, finalmente, o massacre de Vassy, armaram os perseguidos, cuja seita havia se multiplicado ao brilho das fogueiras e sob o ferro dos carrascos. A paciência cedeu lugar à cólera. Eles imitaram as crueldades de seus inimigos. Nove guerras civis preencheram a França de carnificina. Uma paz mais funesta do que a guerra produziu o massacre da Noite de São Bartolomeu,* da qual não se havia nenhum exemplo nos anais do crime.

---

* Massacre de protestantes promovido pela coroa católica francesa. Ocorreu em agosto de 1572, e o número de vítimas nunca foi apurado, mas especula-se que tenha sido na magnitude de dezenas de milhares. (N. T.)

A Liga assassinou Henrique III e Henrique IV, pelas mãos de um frade dominicano e de um monstro que havia sido frade *feuillant*. Existem pessoas que sustentam que a humanidade, a indulgência e a liberdade de consciência são coisas horríveis. No entanto, em boa-fé, teriam elas produzido comparáveis calamidades?

iv. Se a tolerância é perigosa e dentre quais povos ela é permitida

Alguns disseram que se usássemos de uma indulgência paternal para com nossos irmãos errantes que oram a Deus em um mal francês, seria o mesmo que armá-los. Que veríamos novas batalhas de Jarnac, de Moncontour, de Coutras, de Dreux, de Saint-Denis, etc. É isso o que ignoro, pois não sou um profeta. Mas me parece que não se trata de raciocinar consequentemente dizer "esses homens se insurgiram quando eu lhes fiz o mal, então eles se insurgirão quando eu lhes fizer o bem".

Eu ousaria tomar a liberdade de convidar aqueles que estão à cabeça do governo e aqueles que são destinados aos grandes postos a quererem examinar ponderadamente se devemos temer, de fato, que a doçura produza as mesmas revoltas que a crueldade fez nascer. Se aquilo que aconteceu em certas circunstâncias deve acontecer em outras; se os tempos, a opinião, os costumes, são sempre os mesmos.

Os huguenotes, sem dúvida, foram inebriados de fanatismo e manchados de sangue como nós. Porém a geração de agora seria ela tão bárbara quanto seus pais? O tempo, a razão que fez tanto progresso, os bons livros, a brandura da sociedade não penetraram de algum modo entre aqueles que conduzem o espírito desses povos? E não percebemos que quase toda a Europa mudou de face nos últimos quase cinquenta anos?

O governo se fortificou por toda parte, enquanto os costumes se abrandaram. Além disso, o policiamento geral, sustentado por exércitos numerosos sempre existentes, não permite temer o retorno desses tempos anárquicos, no qual camponeses calvinistas combatiam camponeses católicos arregimentados às pressas entre o plantio e as colheitas.

Outros tempos, outras inquietudes. Seria absurdo dizimar hoje a Sorbonne por ela ter, outrora, requerido que a Donzela de Oléans fosse queimada* por ter declarado Henrique iii privado do direito de reinar, por ter excomungado e proscrito o grande Henrique iv. Sem dúvida, não se irá investigar outras corporações do reino, que come-

---

* Joana D'Arc. (N. T.)

teram os mesmos excessos nesses tempos de frenesi. Isso seria não apenas injusto, mas, sim, tão insano quanto purgar todos os habitantes de Marselha porque tiveram a peste em 1720.

Iremos saquear, como fizeram as tropas de Charles v, porque Sisto v, em 1585, concedeu nove anos de indulgência a todos os franceses que pegassem em armas contra seu soberano? Não é suficiente impedir Roma de entregar-se a excessos semelhantes?

O furor que inspira o espírito dogmático e o abuso da religião cristã mal interpretada derramou a mesma quantidade de sangue e produziu o tanto de desastres na França, assim como na Alemanha, na Inglaterra e mesmo na Holanda. No entanto, hoje em dia, a diferença de religiões não causa problema algum nesses Estados. O judeu, o católico, o grego, o luterano, o calvinista, o anabatista, o sociniano, o menonita, o morávio e tantos outros vivem como irmãos em seus territórios e contribuem igualmente para o bem da sociedade.

Não se teme mais na Holanda que as disputas de um Gomar[9] sobre a predestinação façam rolar a cabeça do *grande pensionista*.* Não se teme mais em Londres que as querelas dos presbiterianos e dos episcopais por uma liturgia e por uma sobrepeliz derramem o sangue de um rei sobre um cadafalso.[10] A Irlanda, povoada e enriquecida, não verá mais seus cidadãos católicos sacrificarem a Deus durante dois meses, seus cidadãos protestantes enterrá-los vivos, pendurar as mães nas forcas, prendendo as filhas ao pescoço delas, e verem-nas expirar juntas. Esse país não verá seus cidadãos abrirem o ventre das mulheres grávidas, dele arrancarem as crianças em formação e darem-nas de comer aos porcos e aos cães. Colocarem um punhal na mão dos prisioneiros garroteados e conduzirem seus braços ao peito de suas mulheres, de seus pais, de suas mães, de suas filhas, imaginando, assim, fazê-los mutuamente parricidas e, exterminando-os todos, também os condenar à danação. É isso o que relata Rapin-Thoiras, oficial na Irlanda, quase contemporâneo. É o que relatam todos os anais, todas as histórias da Inglaterra e o que, sem dúvida, nunca mais será imitado. A filosofia, a mera filosofia, esta irmã da religião, desarmou mãos que a superstição havia por muito tempo ensanguentado. E o espírito humano, ao despertar de

---

* Durante a época das Províncias Unidas dos Países Baixos (do século xvi ao xviii), esse foi o cargo político mais importante do país, equivalente a um primeiro-ministro exercendo a liderança do Estado. (N. T.)

sua ebriedade, espantou-se com os excessos aos quais o fanatismo o havia conduzido.

Nós mesmos, na França, temos uma província opulenta na qual o luteranismo supera o catolicismo. A universidade da Alsácia está nas mãos dos luteranos. Eles ocupam uma parte dos cargos municipais. Nunca a menor das querelas religiosas perturbou a paz dessa província desde que ela pertence a nossos reis.* E por quê? É porque lá nunca se perseguiu ninguém. Não buscai, de modo algum, estorvar os corações, e assim todos os corações vossos serão.

Não digo que todos os que não são da religião do príncipe devam partilhar os lugares e as honras daqueles que são da religião dominante. Na Inglaterra, os católicos, vistos como ligados ao partido do pretendente, não podem obter os empregos. Chegam mesmo a pagar imposto dobrado. Mas, fora isso, gozam de todos os direitos de cidadãos.

Suspeitaram que alguns bispos franceses pensassem não ser nem honroso e nem de seu interesse ter calvinistas dentro de suas dioceses; e que tal fato seria o maior obstáculo à tolerância. Não posso crer nisso. O corpo dos bispos, na França, é composto de pessoas de qualidade que pensam e agem com uma nobreza digna de sua procedência. São caridosos e generosos; dizer isso é fazer-lhes justiça. Eles devem pensar que, certamente, seus diocesanos fugitivos não se converterão em países estrangeiros e que, retornados para junto de seus pastores, poderiam ser iluminados por suas instruções e tocados por seus exemplos. Haveria honra em convertê-los, o temporal não sairia perdendo e, quanto maior o número de cidadãos, mais as terras dos prelados renderiam.

Um bispo de Varmie, na Polônia, tinha um anabatista como seu rendeiro e um sociniano como cobrador de impostos. Propuseram-lhe expulsar e perseguir um, por ele não ser crédulo da consubstancialidade, e o outro por batizar seu filho apenas com a idade de quinze anos. Ele respondeu que ambos seriam eternamente danados no outro mundo, mas que, neste aqui, eles lhe eram muito necessários.

---

* A Alsácia, província fronteiriça no extremo leste francês, passou sucessivas vezes pelas mãos dos Estados franceses e germânicos. Na época de Voltaire, a província estava com a França desde o Edito de Nantes. Porém o controle político e cultural nunca foi pleno, veja-se a predominância da religião luterana de origem germânica. Desde o fim da Segunda Guerra Mundial, pertence, definitivamente, à França. (N. T.)

Saiamos de nossa pequena esfera e examinemos o resto de nosso globo. O Grande Senhor governa em paz vinte povos de diferentes religiões. Duzentos mil gregos vivem com segurança em Constantinopla. O próprio mufti* nomeia e apresenta ao imperador o patriarca grego. Toleram, também, um patriarca latino. O sultão nomeia bispos latinos para algumas ilhas gregas.[11] Eis a fórmula da qual ele se serve: "Eu te ordeno que vás residir bispo na ilha de Quios, segundo o antigo costume deste lugar e suas vãs cerimônias". Esse império** está repleto de jacobitas, nestorianos, monotelistas, há coptas, cristãos de São João, judeus, guebros, banianos. Os anais turcos não fazem menção de nenhuma revolta causada por nenhuma dessas religiões.

Ide à Índia, à Pérsia, à Tartária, e lá vereis a mesma tolerância e a mesma tranquilidade. Pedro, o Grande, favoreceu todos os cultos dentro de seu vasto império. O comércio e a agricultura ganharam com isso, e o corpo político jamais sofreu por isso.

O governo da China, desde mais de quatro mil anos que é conhecido, nunca adotou senão o culto dos noáchidas,*** a adoração simples de um único Deus. No entanto ele tolera as superstições de Fô**** e uma multidão de bonzos que seria perigosa caso a sabedoria dos tribunais não os tivesse sempre contido.

É verdade que o grande imperador Yung-Ching, o mais sábio e mais magnânimo que a China talvez já tenha tido, expulsou os jesuítas. Mas isso não porque ele era intolerante, mas porque, ao contrário, os jesuítas o eram. Eles próprios relatam em suas cartas curiosas as palavras que lhes disse esse bom príncipe: "Eu sei que vossa religião é intolerante. Sei o que fizestes nas Manilas e no Japão. Enganastes meu pai, não espereis enganar a mim também". Que se leia todo o discurso que ele se dignou a lhes pronunciar; nele encontrar-se-á o mais sábio e o mais clemente dos homens. Podia ele, com efeito, acolher físicos da Europa que, sob o pretexto de mostrar termômetros e eolípilas à corte, já haviam desencadeado a violência

---

* Autoridade da interpretação do Corão e, portanto, da lei islâmica. (N. T.)

** Império Otomano. (N. T.)

*** Aparentemente, Voltaire identificava os traços panteístas do taoísmo com a religião dos descendentes de Noé que, segundo a crença, praticavam uma religião natural. Vale lembrar que o conhecimento que os europeus tinham sobre o Oriente nessa época advinha, sobretudo, dos relatos de viajantes e missionários jesuítas; as impressões desses últimos tinham como referência sua cultura original judaico-cristã. (N. T.)

**** Buda. (N. T.)

de um príncipe? E o que teria dito esse imperador caso tivesse lido nossas histórias, caso tivesse conhecido nossos tempos da Liga e da Conspiração da Pólvora?*

Era-lhe suficiente estar informado sobre as querelas indecentes dos jesuítas, dos dominicanos, dos capuchinos, dos padres seculares, enviados do fim do mundo para seus Estados: vinham pregar a verdade e anatematizavam-se uns aos outros. Então o imperador apenas mandou de volta os perturbadores estrangeiros. Mas com qual gentileza ele os mandou embora! Que preocupações paternais não teve ele para com sua viagem e para impedir que os insultassem no caminho! O próprio banimento deles foi um exemplo de tolerância e humanidade.

Os japoneses[12] eram os mais tolerantes de todos os homens. Doze religiões pacíficas estavam estabelecidas em seu império. Os jesuítas vieram fundar a décima terceira, mas logo, não querendo suportar as outras, sabe-se bem no que isso resultou: uma guerra civil, não menos hedionda do que aquela da Liga, assolou esse país. A religião cristã foi afogada, enfim, em ondas de sangue. Os japoneses fecharam seu império ao resto do mundo, e não nos viram senão como bestas selvagens, semelhantes àquelas que os ingleses purgaram de sua ilha. Foi em vão que o ministro Colbert, sentindo a dependência que nós tínhamos dos japoneses, que de nós não tinham nenhuma, tentou estabelecer um comércio com seu império; ele os encontrou inflexíveis.

Assim, então, nosso continente inteiro nos prova que não é preciso nem anunciar, nem exercer a intolerância.

Voltai os olhos sobre o outro hemisfério, vede a Carolina, da qual o sábio Locke foi o legislador. Foram suficientes sete pais de família para estabelecer um culto público aprovado pela lei. Essa liberdade não ocasionou desordem alguma. Deus nos livre de citar esse exemplo para incentivar a França a imitá-lo! O relatamos apenas para mostrar que o maior dos excessos aos quais pode ir a tolerância não foi seguido da mais leve dissensão. Mas o que é muito útil e muito bom numa colônia nascente não é conveniente em um reino antigo.

---

* Tentativa de assassinar o rei da Inglaterra Jaime I. A conspiração ocorreu em 1605 e pretendia explodir o parlamento inglês com trinta e seis barris de pólvora. O plano foi descoberto antes de sua execução e terminou com a prisão e o enforcamento de Guy Fawkes, um dos principais conspiradores. (N. T.)

O que diremos sobre os primitivos que, por escárnio, nomeamos *quakers* e que, com hábitos talvez ridículos, foram tão virtuosos e ensinaram inutilmente a paz ao resto dos homens? Eles são em número de cem mil na Pensilvânia. A discórdia e a controvérsia são desconhecidas na pátria feliz que fizeram para si. E o próprio nome de sua cidade, Filadélfia, que os lembra a todo momento que os homens são irmãos, é o exemplo e a vergonha dos povos que ainda não conhecem a tolerância.

Enfim, essa tolerância jamais incitou a guerra civil. A intolerância cobriu a Terra de carnificina. Que julgue-se, agora, entre estas duas rivais: entre a mãe que deseja que degolem seu filho e a mãe que cede para que ele viva!*

Não falo aqui senão do interesse das nações. E, respeitando, assim como devo, a teologia, não considero neste artigo senão o bem físico e moral da sociedade. Eu suplico a todos os leitores imparciais que pesem essas verdades, as retifiquem e as ampliem. Os leitores atentos, que se comunicam com seus pensamentos, vão sempre mais longe do que o autor.[13]

---

* Alusão à história bíblica do rei Salomão. (N. T.)

v. Como a tolerância pode ser admitida

Ouso supor que um ministro esclarecido e magnânimo, um prelado humano e sábio, um príncipe que saiba que seu interesse consiste em ter um número elevado de súditos, e que sua glória consiste na felicidade destes, digne-se a dirigir seus olhos sobre este escrito informe e imperfeito. Ele o suplementa com suas próprias luzes e diz a si mesmo: o que eu arriscaria em ver a terra cultivada e ornamentada por mais mãos laboriosas, os tributos aumentados, o Estado florescendo mais?

A Alemanha seria um deserto coberto por ossadas de católicos, evangélicos, reformados, anabatistas, degolados uns pelos outros, se a Paz de Vestfália não tivesse propiciado, enfim, a liberdade de consciência.

Temos judeus em Bordeaux, em Metz, na Alsácia. Temos luteranos, molinistas, jansenistas; não podemos suportar e conter calvinistas mais ou menos nas mesmas condições que os católicos são tolerados em Londres? Quanto mais seitas existem, menos cada uma é perigosa; a multiplicidade as enfraquece. Todas são reprimidas por justas leis que proíbem as assembleias tumultuosas, as injúrias, as insurreições e que estão sempre em vigor através da força coativa.

Nós sabemos que muitos chefes de família que constituíram grandes fortunas em países estrangeiros estão dispostos a retornar a sua pátria. Eles pedem apenas a proteção da lei natural, a validade de seus casamentos, a certidão reconhecida de seus filhos, o direito de herdar de seus pais, a franquia de suas pessoas. Não pedem, em absoluto, templos públicos, o direito de ocupar cargos municipais, as dignidades. Os católicos também não os têm nem em Londres nem em muitos outros países. Não se trata mais de proporcionar privilégios imensos, áreas de segurança para uma facção, mas de deixar viver um povo pacífico, de abrandar editos talvez necessários outrora e que não o são mais. Não cabe a nós indicar ao ministério o que ele pode fazer. Apenas basta implorar pelos desafortunados.

Quantos meios de torná-los úteis e de impedir que jamais se tornem perigosos! A prudência do ministério e do conselho, apoiada pela força, encontrará facilmente esses meios que tantas outras nações já aplicam de modo tão feliz.

Ainda há fanáticos dentre o populacho calvinista. Mas certamente os há, ainda mais, dentre o populacho convulsionário. A escória dos insensatos de Saint-Médard contou como nada na nação, aquela dos profetas calvinistas não é quase nada. O maior meio de diminuir o número dos maníacos, se restarem, é submeter essa doença do espírito ao regime da razão, que ilumina lenta, mas infalivelmente, os homens. Tal razão é doce, ela é humana, inspira a indulgência, sufoca a discórdia, ela fortalece a virtude, torna agradável a obediência às leis mais eficazmente do que a força a mantém. E não há de levar-se em conta o ridículo associado hoje ao entusiasmo por todas as pessoas de bem? Esse ridículo é uma poderosa barreira contra as extravagâncias de todos os sectários. Os tempos passados são como se nunca tivessem existido. É sempre preciso partir-se do ponto de onde se está, e daquele aonde as nações chegaram.

Houve um tempo em que se acreditava ser necessário emitir decretos contra quem ensinasse uma doutrina contrária às categorias de Aristóteles, ao horror do vazio, às quididades e ao universal por parte da coisa. Temos na Europa mais de cem volumes de jurisprudência sobre a bruxaria e sobre a maneira de distinguir os falsos feiticeiros dos verdadeiros. A excomunhão de gafanhotos e de insetos nocivos às colheitas era moda e foi muito usual, e ainda subsiste em diversos rituais. O costume passou; deixamos em paz Aristóteles, os feiticeiros e os gafanhotos. Os exemplos dessas graves demências, outrora tão importantes, são incontáveis. De tempos em tempos, surgem outros, mas quando fazem seu efeito, quando estamos fartos deles, então desaparecem. Se alguém pretendesse hoje ser carpocraciano, ou eutiquiano, ou monotelista, monofisista, nestoriano, maniqueu, etc., o que aconteceria? Ririam dele como de um homem vestido à moda antiga, com um colarinho de pregas e um fato.

A nação começava a entreabrir os olhos quando os jesuítas Le Tellier e Doucin fabricaram a bula *Unigentius*, que enviaram a Roma. Eles acreditaram estar ainda nesses tempos de ignorância nos quais os povos adotavam, sem examinar, asserções das mais absurdas. Ousaram proscrever esta proposição que é de uma verdade universal em todos os casos e em todos os tempos: "O temor de uma excomunhão injusta não deve, em absoluto, impedir de cumprir-se com seu dever". Tratava-se de proscrever a razão, as liberdades da igreja galicana e o fundamento da moral. Tratava-se de dizer aos homens: Deus vos ordena jamais cumprir com vosso dever, uma vez que estejas a temer a injustiça. Nunca o senso comum foi ferido com tanta audácia. Os consultores de Roma não prestaram atenção nisso. Persuadiu-se o tribunal de Roma de que essa bula era necessária e que a nação a desejava. Ela foi assinada, selada e enviada. Conhecemos o que se seguiu. Certamente, se o tivéssemos previsto, ter-se-ia mitigado a bula. As querelas foram acaloradas. Por fim, a prudência e a bondade do rei as apaziguaram.

O mesmo ocorre numa grande parte dos pontos que dividem os protestantes e nós. Há alguns que não produzem a menor consequência. Há outros mais graves, mas sobre os quais o furor da disputa esfriou tanto que os próprios protestantes não pregam hoje a controvérsia em nenhuma de suas igrejas.

Portanto é esse tempo de desgosto, lassitude, ou melhor, de razão que podemos considerar como uma época e uma garantia da tranquilidade pública. A controvérsia é uma doença epidêmica que está em seu fim, e essa peste, da qual estamos curados, não pede mais do que um regime brando. Enfim, o interesse do Estado é que filhos expatriados retornem com modéstia para a casa de seu pai. A humanidade o quer, a razão o aconselha e a política não pode se intimidar com isso.

VI. Se a tolerância é de direito natural e de direito humano

O direito natural é aquele que a natureza indica a todos os homens. Criastes vosso filho, ele vos deve respeito como a seu pai, reconhecimento como a seu benfeitor. Tens direito às produções da terra que cultivastes com vossas mãos. Fizestes e recebestes uma promessa, ela deve ser cumprida.

O direito humano não pode ser fundado, em nenhum caso, senão sobre esse direito da natureza. O grande princípio, o princípio universal de ambos, é, em toda a Terra, o seguinte: "Não faz para o outro aquilo que não gostarias que fizessem a ti". Ora, não vemos como, seguindo este princípio, um homem poderia dizer ao outro "acredita nisto em que eu acredito e no que não podes acreditar, ou então morrerás". É isso o que dizem em Portugal, na Espanha, em Goa. Limitam-se, atualmente, a dizer em alguns países: "Crê, ou repugnar-te-ei. Crê ou farei a ti todo o mal que puder. Monstro, não tens minha religião, então não tens religião alguma. Deves ficar em horror para teus vizinhos, para tua cidade, para tua província".

Se fosse do direito humano comportar-se dessa maneira, então o japonês deveria detestar o chinês, que execraria o siamês, este perseguiria os gangarides, que cairiam sobre os habitantes do Indo. Um mongol arrancaria o coração do primeiro malabar que encontrasse, o malabar poderia degolar o persa, que poderia massacrar o turco. E todos esses, juntos, lançar-se-iam contra os cristãos que estão por tanto tempo devorando-se uns aos outros.

O direito da intolerância é, pois, absurdo e bárbaro. É o direito dos tigres, e bem mais horrível, pois os tigres só atacam para comer, e nós nos exterminamos por conta de parágrafos.

VII. Se a intolerância foi conhecida pelos gregos

Todos os povos de quem a história nos fornece algum conhecimento viram suas diferentes religiões como pontos que os uniam entre eles. Tratava-se de uma associação do gênero humano. Havia uma espécie de direito de hospitalidade entre os deuses assim como entre os homens. Um estrangeiro chegava a uma cidade, então ele começava por adorar os deuses do país. Não deixava-se jamais de venerar os deuses, mesmo os dos inimigos. Os troianos faziam orações aos deuses que combatiam pelos gregos.

Alexandre, o Grande, foi consultar nos desertos da Líbia o deus Amon, ao qual os gregos deram o nome de Zeus, e os latinos, de Júpiter, ainda que ambos já tivessem seus próprios Júpiter e Zeus. Quando se fazia cerco a uma cidade, realizavam-se um sacrifício e orações aos deuses dessa cidade para torná-los favoráveis. Assim, até no meio da guerra a religião unia os homens e, algumas vezes, amansava seus furores, mesmo que às vezes lhes inspirasse ações desumanas e horríveis.

Posso estar enganado, mas me parece que entre todos os antigos povos civilizados nenhum colocou empecilhos à liberdade de pensamento. Todos tinham uma religião. No entanto me parece que eles agiam com os homens assim como agiam com os deuses; todos reconheciam um deus supremo, mas a ele associavam uma quantidade prodigiosa de divindades inferiores. Realizavam apenas um culto, mas permitiam uma multidão de sistemas particulares.

Os gregos, por exemplo, por mais religiosos que fossem, achavam bom que os epicuristas negassem a Providência e a existência da alma. Não falo das outras seitas, que feriam as ideias sãs que se deve ter do ser criador e que eram todas toleradas.

Sócrates foi quem mais se aproximou do conhecimento do Criador, por isso foi punido, dizem, e morreu mártir da Divindade. É o único a quem os gregos teriam feito morrer por suas opiniões. Se for essa, com efeito, a causa de sua condenação, não foi em honra da intolerância, já que se puniu o único que rendeu glória a Deus enquanto honravam todos aqueles que tinham da Divindade as noções mais indignas. Em minha opinião, os inimigos da tolerância não devem utilizar-se do exemplo odioso dos juízes de Sócrates.

Além disso, é evidente que ele foi vítima de um furioso partido animado contra si. Ele fizera-se inimigo irreconciliável dos sofistas, dos oradores e dos poetas que ensinavam nas escolas e mesmo de todos os preceptores que tinham se encarregado dos filhos da casta mais distinta da sociedade. Ele próprio confessa, em seu discurso relatado por Platão, que ia de casa em casa provar a esses preceptores que eles não eram mais que ignorantes. Essa conduta não era digna daquele a quem um oráculo havia declarado o mais sábio dos homens. Lançaram-se contra ele um sacerdote e um conselheiro dos Quinhentos que o acusaram; confesso que não sei precisamente de quê, não vejo senão algo de vago em sua *Apologia*. Dele disseram, de maneira geral, que inspirava aos jovens máximas contra a religião e o governo. É assim que fazem todos os dias no mundo os caluniadores. Mas em um tribunal são necessários fatos verificados, promotores precisos e circunstanciados. É isso o que o processo de Sócrates não apresenta em absoluto; sabemos apenas que ele teve, inicialmente, duzentos e vinte votos por ele. O tribunal dos Quinhentos tinha, na época, duzentos e vinte filósofos. É bastante. Duvido que os encontraríamos em outro lugar. Enfim, a maioria decidiu pela cicuta. Mas também imaginemos que os atenienses, tendo voltado a si, tomaram os acusadores e os juízes em horror. Que Melito, o principal autor dessa sentença, foi condenado à morte por essa injustiça, que os outros foram banidos e que ergueram um templo para Sócrates. Jamais a filosofia foi tão bem vingada e honrada. O exemplo de Sócrates é, no fundo, o mais terrível argumento que se possa alegar contra a intolerância. Os atenienses tinham um altar dedicado aos deuses estrangeiros, aos deuses que eles não podiam conhecer. Existe uma prova mais forte, não somente de indulgência para todas as nações, mas ainda de respeito por seus cultos?

Um homem honesto, que não é inimigo nem da razão nem da literatura, nem da probidade nem da pátria, justificando recentemente a Noite de São Bartolomeu, cita a guerra dos fócios, nomeada *a guerra sagrada*, como se essa guerra tivesse sido inflamada pelo culto, pelo dogma, por argumentos de teologia; tratava-se de saber a quem pertenceria uma terra: é a questão de todas as guerras. Feixes de trigo não são um símbolo de crença, jamais uma cidade grega combateu por opiniões. Além disso, que pretende esse homem modesto e doce? Deseja ele que façamos uma guerra sagrada?

VIII. Se os romanos foram intolerantes

Entre os antigos romanos, desde Rômulo até os tempos nos quais os cristãos disputaram com os sacerdotes do império, vós não vedes um único homem perseguido por suas opiniões. Cícero duvidou de tudo, Lucrécio negou tudo, e por isso não lhes fizeram a mais leve reprovação. A licença foi mesmo tão longe que Plínio, o naturalista, começa seu livro por negar um Deus e dizer que existe apenas um; o Sol. Cícero diz, ao falar sobre os infernos: "*Non est anus tam excors quae credat* (não há sequer velhos imbecis para neles crer)". Juvenal diz: "*Nec pueri credunt* [*Sátira II*, verso 152] (as crianças não acreditam em nada)". Cantava-se nos teatros de Roma:

Post mortem nihil est, ipsaque mors nihil. (Sêneca, *As Troianas*; coro ao final do segundo ato)

Nada existe após a morte, a própria morte nada é.

Abominemos essas máximas e, quanto muito, perdoemo-las deles, um povo que não foi esclarecido pelos evangelistas. Elas são falsas, elas são ímpias. Mas concluamos que os romanos eram muito tolerantes, pois elas jamais excitaram o menor murmúrio.

O grande princípio do senado e do povo romano era: "*Deorum offensae diis curae* (cabe somente aos deuses se preocupar com as ofensas aos deuses)". Esse povo-rei não almejava senão conquistar, governar e policiar o universo. Eles foram nossos legisladores, assim como nossos vencedores, e nunca César, que nos deu grilhões, leis e jogos, quis forçar-nos a deixar nossos druidas por ele, mesmo sendo grande pontífice que era de uma nação nossa soberana.

Os romanos não professavam todos os cultos, não davam para todos a sanção pública; mas aceitavam a todos. Não tiveram algum objeto material de culto sob Numa, nem simulacros, nem estátuas. Cedo, ergueram tais coisas aos deuses *marjorum gentium*, que os gregos os fizeram conhecer. A lei das doze tábuas, *Deos peregrinos ne colunto*, reduziu-se a conceder culto público apenas às divindades superiores aprovadas pelo senado. Ísis teve um templo em Roma até a época em que Tibério o demoliu, quando os sacerdotes desse templo, corrompidos pelo dinheiro de Mundus, fizeram este se deitar no templo sob o nome do deus Anúbis, com uma mulher chamada Pauline. É verdade que Josefo é o único que relatou essa história; ele não era contemporâneo, era crédulo e exagerado. É pouco provável que, em um tempo tão esclarecido como o de Tibério, uma dama de condição elevada tenha sido tão imbecil a ponto de acreditar ter os favores do deus Anúbis.

Contudo, que essa anedota seja verdadeira ou falsa, permanece certo que a superstição egípcia havia erguido um templo em Roma com o consentimento público. Os judeus ali faziam comércio desde os tempos da guerra púnica; lá, mantinham sinagogas do tempo de Augusto, e as conservaram quase sempre, assim como na Roma moderna. Existe um maior exemplo de que a tolerância era vista pelos romanos como a lei mais sagrada do direito dos povos?

Dizem-nos que, tão logo os cristãos surgiram, foram perseguidos por esses mesmos romanos que não perseguiam ninguém. Parece-me evidente que esse fato é muito falso. Quanto a isso, não vejo como prova nada senão o próprio São Paulo. Os *Atos dos apóstolos* nos mostram que[14] São Paulo foi acusado pelos judeus de querer destruir a lei mosaica em nome de Jesus Cristo; São Tiago propôs a ele raspar a cabeça e ir purificar-se no templo com quatro judeus, "a fim de que todo o mundo saiba que tudo o que dizem de ti é falso e que continuas a guardar a lei de Moisés".

Paulo, cristão, foi então cumprir todas as cerimônias judaicas durante sete dias. Porém ainda não haviam se passado esses sete dias quando os judeus da Ásia o reconheceram. E, vendo que ele havia entrado no templo não apenas com judeus, mas também com gentios, eles exclamaram pela profanação. Prenderam-no, levaram-no diante do governador Félix e, em seguida, conduziram-no ao tribunal de Festo. Os judeus, em turba, exigiram sua morte. Festo lhes respondeu:[15] "Não é, em absoluto, o costume dos romanos condenar um homem antes que o acusado tenha seus acusadores diante de si e que lhe tenham dado a liberdade de se defender".

Essas palavras são muito mais notáveis nesse magistrado romano, uma vez que ele parece não ter tido consideração por São Paulo, que não sentiu por ele senão desprezo. Enganado pelas falsas luzes de sua razão, tomou-o por um louco. Disse a ele próprio que estava em demência:[16] *Multae te litterae ad insaniam convertunt*. Então, Festo escutou apenas a equidade da lei romana quando deu sua proteção para um desconhecido que ele não podia estimar.

Eis o próprio Espírito Santo que declara que os romanos não eram perseguidores e eram justos. Não foram os romanos que se levantaram contra São Paulo, foram os judeus. São Tiago, irmão de Jesus, foi apedrejado por ordem de um judeu saduceu e não de um romano. Os judeus sozinhos apedrejaram Santo Estevão.[17] E, enquanto São Paulo guardava os mantos dos executores, certamente não o foi na condição de cidadão romano.

Os primeiros cristãos, com certeza, não tinham nada a debater com os romanos, eles não tinham outros inimigos senão os judeus, dos quais começavam a se separar. Sabe-se qual ódio implacável carregam todos os sectários por aqueles que abandonaram sua seita. Houve, sem dúvida, tumulto nas sinagogas de Roma. Seotônio diz, na *Vida de Cláudio* (capítulo xxv): *"Judeos, impulsore Christo assidue tumultuantes, Roma expulit"*. Engana-se quando diz que era à instigação de Cristo. Ele não podia ser instruído sobre detalhes de um povo tão desprezado em Roma como o era o povo judeu. No entanto ele não estava enganado em relação a essas querelas. Seotônio escrevia sob Adriano no segundo século; os cristão não eram então distintos dos judeus aos olhos dos romanos. A passagem de Seotônio mostra que os romanos, longe de oprimirem os primeiros cristãos, reprimiam, sim, os judeus que os perseguiam. Queriam que a sinagoga de Roma tivesse por seus irmãos separados a mesma indulgência que o senado tinha por ela, e os judeus expulsos voltaram logo depois. Eles partilharam até das honrarias, apesar das leis que os excluía. São Díon Cássio e Ulpiano nos afirmam isso.[18] Seria possível que, após a ruína de Jerusalém, os imperadores tivessem prodigalizado dignidades aos judeus e perseguido e entregado aos carrascos e às feras os cristãos, os quais eles viam como uma seita de judeus?

Dizem que Nero perseguiu os cristãos. Tácito nos informa que eles foram acusados pelo incêndio de Roma e que os entregaram ao furor do povo. Seria motivada pela crença cristã tal acusação? Não, sem dúvida. Nós diremos que os chineses degolados pelos holandeses, alguns anos atrás, nos entornos da Batávia, foram imolados por conta da religião? Não importa o desejo que se tenha em enganar-se, é impossível atribuir à intolerância o desastre ocorrido sob Nero a alguns infelizes meio judeus, meio cristãos.[19]

IX. Sobre os mártires

Houve, em seguida, os mártires cristãos. É muito difícil saber precisamente por quais razões esses mártires foram condenados. Porém ouso acreditar que nenhum o foi, sob os primeiros Césares, unicamente por conta de sua religião. Toleravam todas as religiões. Como poderiam procurar e perseguir homens desconhecidos, que tinham um culto em particular, na época em que permitiam todos os outros? Os Titos, os Trajanos, os Antoninos, os Décios não eram bárbaros. Poderíamos imaginar que eles teriam privado apenas os cristãos de uma liberdade da qual gozava toda a terra? Teriam eles ousado acusar somente os cristãos de ter mistérios secretos, enquanto os mistérios de Ísis, os de Mitra, os da deusa da Síria, todos estranhos ao culto romano, eram permitidos sem contradição? É realmente necessário que a perseguição tenha tido outras causas e que os ódios particulares, sustentados pela razão do Estado, tenham derramado o sangue dos cristãos.

Por exemplo, quando São Lourenço recusou ao prefeito de Roma, Cornelius Secularis, o dinheiro dos cristãos que ele possuía em sua guarda, é natural que o prefeito e o imperador tenham ficado irritados. Eles não sabiam que São Lourenço havia distribuído esse dinheiro aos pobres e que ele realizara uma obra caritativa e santa. Eles o consideraram um refratário e o fizeram perecer.[20]

Consideremos o martírio de São Polieuto. Condenaram-no unicamente por sua religião? Ele foi ao templo, onde se rendiam aos deuses ações de graça pela vitória do imperador Décio. Lá ele insultou os que faziam sacrifícios, derrubou e quebrou os altares e as estátuas. Em qual país no mundo se perdoaria semelhante atentado? O cristão que rasgou publicamente o edito do imperador Diocleciano, e que atraiu sobre seus irmãos a grande perseguição nos dois últimos anos do reinado desse príncipe, não era zeloso, segundo a sabedoria, e era muito infeliz por ter sido a causa do desastre de seu partido. Esse zelo imponderado, que frequentemente explodia e foi condenado até por muitos pais da Igreja,* foi, provavelmente, a fonte de todas as perseguições aos cristãos.

---

* Assim são chamados os primeiros teólogos da Igreja Católica. (N. T.)

Não comparo, de maneira alguma, os primeiros sacramentários aos primeiros cristãos. Não ponho, em absoluto, o erro ao lado da verdade. Mas Farel, predecessor de João Calvino, fez em Arles a mesma coisa que São Polieuto havia feito na Armênia. Carregavam pelas ruas a estátua de Santo Antônio, o eremita, em procissão. Farel, junto a alguns dos seus, caiu sobre os monges que levavam a imagem do santo; bateram neles, os dispersaram e jogaram Santo Antônio no rio. Ele merecia a morte que não recebeu, pois teve tempo de fugir. Se ele tivesse se contentado em gritar para esses monges que ele não acreditava que um corvo tivesse levado a metade de um pão para Santo Antônio, o eremita, nem que o santo tivesse tido conversas com centauros e sátiros, então ele teria merecido uma forte repreensão, pois estaria perturbando a ordem. Mas se, à noite, depois da procissão, ele tivesse examinado pacificamente a história do corvo, dos centauros e dos sátiros, não haveria nada para lhe reprovar.

O quê! Os romanos teriam suportado que o infame Antínoo fosse posto na categoria dos deuses secundários e teriam retalhado, entregado às feras, todos aqueles a quem eram reprovados por adorar pacificamente um justo? O quê! Eles teriam reconhecido um deus supremo,[21] um deus soberano, mestre de todos os deuses secundários, atestado por esta fórmula: *"Deus optimus maximus"* – e teriam perseguido aqueles que adoravam um deus único!

Não é crível que tenha havido uma inquisição contra os cristãos sob o domínio dos imperadores, quer dizer, que tenham ido até eles para lhes interrogar sobre suas crenças. Nunca perturbaram sobre esse assunto nem judeus, nem sírios, nem egípcios, nem bardos, nem druidas, nem filósofos. Os mártires foram, então, aqueles que se levantaram contra os falsos deuses. Era uma coisa muito sábia, muito devota, o fato de não crerem em tais deuses. Contudo, enfim, se, não contentes em adorar um Deus em espírito e verdade, eles irromperam violentamente contra o culto estabelecido, por mais absurdo que tal culto pudesse ser, somos forçados a confessar que eles próprios eram intolerantes.

Tertuliano, em sua *Apologética*, confessa[22] que os cristãos eram vistos como agitadores. A acusação era injusta, mas provava que não era apenas a religião dos cristãos que provocava o zelo dos magistrados. Ele afirma[23] que os cristãos recusavam-se a adornar suas portas com ramos de louro nas festividades públicas pelas vitórias dos imperadores. Poder-se-ia, facilmente, tomar esse costume condenável por um crime de lesa-majestade.

A primeira severidade jurídica exercida contra os cristãos foi a de Domiciano. Porém esta se limitou a um exílio que não durou sequer um ano: "*Facile coeptum repressit, restitutis etiam quo relegaverat*", diz Tertuliano (capítulo v). Lactâncio, de quem o estilo é tão impetuoso, admite que, de Domiciano até Décio, a Igreja foi tranquila e florescente.[24] Essa longa paz, diz ele, foi interrompida quando esse execrável animal Décio oprimiu a Igreja. "*Exstitit enim post anos plurimos exsecrabile animal Decius, qui vexaret Ecclesiam.*" (*Apologética*, capítulo IV)

Não queremos aqui, de maneira alguma, discutir a opinião do erudito Dodwell sobre o pequeno número de mártires. Contudo, se os romanos tivessem perseguido tanto a religião cristã, se o senado tivesse feito morrer tantos inocentes por meio de inusitados suplícios, se tivessem mergulhado os cristãos em óleo fervente, exposto as moças nuas às feras no circo, então, como teriam deixado em paz todos os primeiros bispos de Roma? São Irineu conta como mártir, entre seus bispos, apenas Telésforo, no ano 139 da era vulgar, e não temos prova alguma de que esse Telésforo tenha sido condenado à morte. Zeferino governou o rebanho de Roma durante dezoito anos e morreu tranquilamente no ano de 219. É verdade que nos antigos martirológios foram colocados quase todos os primeiros papas. Porém a palavra mártir era então tomada apenas conforme sua verdadeira significação: *martírio* queria dizer *testemunho*, e não *suplício*.

É difícil conciliar esse furor de perseguição com a liberdade que os cristãos tiveram de se reunir nos cinquenta e seis concílios que os escritores eclesiásticos contam nos três primeiros séculos.

Houve perseguições. No entanto, se elas tivessem sido tão violentas como se diz, seria provável que Tertuliano, que escrevia com tanto ímpeto contra o culto estabelecido, não tivesse morrido em seu leito. Sabe-se bem que os imperadores não leram sua *Apologética*. Que um escrito obscuro, composto na África, não chega até aqueles que estão encarregados de governar o mundo. Porém esse texto devia ser conhecido por aqueles que estavam próximos ao procônsul da África. Ele devia atrair bastante ódio contra seu autor. Entretanto Tertuliano não sofreu, de modo algum, o martírio.

Orígenes lecionou publicamente em Alexandria e não foi condenado à morte. Esse mesmo Orígenes, que falava com tanta liberdade aos pagãos e aos cristãos, que anunciava Jesus para uns enquanto negava um deus em três pessoas para os outros, diz expressamente em seu terceiro livro contra Celso "que houve pouquíssimos mártires, e apenas de tempos em tempos". Entretanto, diz ele, "os cristãos nada negligenciam para fazer com que sua religião seja acolhida por todo mundo. Eles correm pelas cidades, pelos burgos, pelos vilarejos".

Certamente essas incursões contínuas podiam ser facilmente acusadas de sedição pelos sacerdotes inimigos. No entanto, essas missões são toleradas, apesar do povo egípcio, sempre turbulento, subversivo e covarde. Esse povo que havia esquartejado um romano por ter matado um gato, povo desprezível em toda ocasião, não importa o que deles digam os admiradores de pirâmides.[25]

Quem deveria se animar mais contra si os sacerdotes e o governo do que São Gregório Taumaturgo, discípulo de Orígenes? Gregório havia visto durante a noite um velho enviado de Deus, acompanhado de uma mulher resplandecente de luz – essa mulher era a Santa Virgem, e esse velho era São João Evangelista. São João lhe ditou um símbolo que São Gregório foi pregar. Indo para Neocesareia, ele passou próximo de um templo onde se criavam oráculos e no qual a chuva o obrigou a passar a noite. Lá ele fez vários sinais da cruz. No dia seguinte, o grande sacrificador do templo ficou espantado, pois os demônios, que lhe respondiam pouco antes, não queriam mais dispor os oráculos. Ele os invocou. Os demônios vieram para dizer-lhe que não voltariam mais. Informaram-no que não podiam mais habitar esse templo, pois Gregório tinha passado a noite lá e feito os sinais da cruz.

O sacrificador mandou prender Gregório, que lhe respondeu: "Posso expulsar os demônios de onde eu quiser, e fazê-los entrar onde me agradar". "Faça-os então, disse o sacrificador, "voltarem para meu templo". Então Gregório rasgou um pequeno pedaço de papel que tinha na mão e nele escreveu estas palavras: "Gregório a Satã: eu lhe ordeno que voltes para este templo." Colocaram esse bilhete sobre o altar. Os demônios obedeceram e disponibilizaram, naquele dia, seus oráculos, como de costume. Depois disso, cessaram, como é sabido.

É São Gregório de Nissa que relata esses fatos da vida de São Gregório Taumaturgo. Os sacerdotes dos ídolos deviam ser, sem dúvida, impelidos contra Gregório e, em sua cegueira, denunciá-lo ao magistrado. Entretanto o seu maior inimigo não tentou nenhuma perseguição.

É dito na história de São Cipriano que ele foi o primeiro bispo de Cartago condenado à morte. O martírio de São Cipriano ocorreu no ano de 258 de nossa era. Então, durante um período bastante longo, nenhum bispo de Cartago foi imolado por sua religião. A história nada nos diz sobre as calúnias que se elevaram contra São Cipriano, não nos conta que inimigos ele tinha, por que o procônsul da África irritou-se contra ele. São Cipriano escreveu a Cornélio, bispo de Roma: "Há pouco, uma comoção popular surgiu em Cartago e, por duas vezes, gritaram que eu deveria ser atirado aos leões". É bem provável que a virulência do povo feroz de Cartago tenha sido, enfim, a causa da morte de Cipriano. E é bem certo que não foi o imperador Galo que o condenou, estando tão longe, por sua religião, uma vez que ele deixava em paz Cornélio, que vivia sob seus olhos.

Tantas causas secretas se misturam frequentemente com a causa aparente, tantas causas desconhecidas servem para perseguir um homem, que se torna impossível nos séculos posteriores discernir a origem escondida da infelicidade dos homens de maior destaque e, com mais forte razão, a do suplício de um sujeito que não podia ser conhecido senão por aqueles de seu partido.

Observe-se que São Gregório Taumaturgo e São Dênis, bispo de Alexandria, que não foram supliciados, viviam na mesma época de São Cipriano. Por que sendo tão conhecidos, pelo menos tanto quanto o bispo de Cartago, permaneceram em paz? E por que São Cipriano foi entregue ao suplício? Não há nada que sugira que um sucumbiu sob inimigos pessoais e poderosos, sob a calúnia, sob o pretexto da razão de Estado, que tanto se mistura com a religião, enquanto os outros tiveram a felicidade de escapar da perversidade dos homens?

É muito pouco provável que unicamente a acusação de cristianismo tenha feito perecer Santo Inácio sob o clemente e justo Trajano, uma vez que foi permitido aos cristãos que o acompanhassem e consolassem quando ele foi conduzido a Roma.[26] Houve frequentes sedições em Antioquia, cidade sempre turbulenta, onde Inácio era, secretamente, bispo dos cristãos. Talvez essas sedições, maldosamente imputadas aos cristãos inocentes, tenham atraído a atenção do governo, que foi enganado, como muitas vezes aconteceu.

São Simeão, por exemplo, foi acusado diante de Sapor de ser espião de Roma. A história de seu martírio relata que o rei Sapor lhe propôs que adorasse o Sol. Mas sabe-se que os persas não rendiam, em absoluto, culto ao Sol. Eles o viam como emblema do bom princípio de Oromase ou Orosmade, do deus criador que eles reconheciam.

Por mais tolerante que possamos ser, não nos podemos impedir de sentir alguma indignação contra esses declamadores que acusam Diocleciano de ter perseguido os cristãos desde quando este subiu ao trono. Quanto a isso, nos reportemos a Eusébio de Cesareia. Seu testemunho não pode ser recusado. O favorito, o panegirista de Constantino, o inimigo violento dos imperadores precedentes, deve ser acreditado quando os justifica. Eis as suas palavras:[27] "Por muito tempo os imperadores deram aos cristãos grandes sinais de benevolência. Confiaram-lhes províncias, muitos cristãos habitaram o palácio. Chegaram até a desposar mulheres cristãs. Diocleciano tomou como sua esposa Prisca, de quem a filha foi esposa de Maximien Galère, etc".

Que se aprenda, então, desse testemunho decisivo, a não mais caluniar. Que se julgue se a perseguição animada por Galera, depois de dezenove anos de um reinado de clemência e benfeitorias, não deva ter sua fonte em alguma intriga que não conhecemos.

Que se veja o quanto a fábula da legião tebana ou tebeia, inteiramente massacrada, como se diz, pela religião, é uma fábula absurda. É um absurdo que tenham feito vir essa legião inteira da Ásia por causa do grande São Bernardo. É impossível que a tenham convocado da Ásia para vir apaziguar uma sedição na Gália, um ano depois que tal sedição já havia sido reprimida. Não é menos impossível que tenham executado seis mil homens de infantaria e setecentos cavaleiros em uma passagem onde duzentos homens poderiam deter uma armada inteira. A relação dessa pretensa chacina começa por uma evidente impostura: "Quando a terra gemia sob a tirania de Diocleciano, o céu estava povoado por mártires". Ora, essa aventura, como a contam, aconteceu supostamente em 286, época em que Diocleciano mais favorecia os cristãos e na qual o Império Romano foi mais feliz. Finalmente, o que deveria economizar todas essas discussões é o fato de que jamais houve uma legião tebana. Os romanos eram confiantes e sensatos demais para compor uma legião com esses egípcios que não serviam a Roma senão como escravos, Verna Canopi; seria como se eles tivessem uma legião judaica. Nós temos os nomes de trinta e duas legiões que compunham as principais forças do Império Romano; seguramente a legião tebana não consta nessa lista. Classifiquemos então esse conto junto dos versos acrósticos das sibilas que prediziam os milagres de Jesus Cristo e com tantas outras suposições que um falso zelo esbanjou para abusar da credulidade.

x. Sobre o perigo das falsas lendas e das perseguições

A mentira foi há muito tempo imposta aos homens. Está na hora de conhecermos o pouco de verdade que podemos discernir por entre essas nuvens de fábulas que cobrem a história romana desde Tácito e Suetônio e que quase sempre encobriram os anais das outras nações antigas.

Como podemos acreditar, por exemplo, que os romanos, esse povo grave e severo de quem herdamos nossas leis, tenham condenado virgens cristãs, moças de valor, à prostituição? Isso é conhecer muito mal a austera dignidade de nossos legisladores que puniam tão severamente as fraquezas das vestais.* Os *Atos sinceros* de Ruinart relatam essas torpezas. Contudo, devemos acreditar nos *Atos* de Ruinart como nos *Atos dos apóstolos?* Esses *Atos sinceros* dizem, por intermédio de Bollandus, que havia na cidade de Acira sete virgens cristãs, com cerca de setenta anos cada uma, que o governador Teodeto condenou a passar pelas mãos dos jovens da cidade. No entanto, tendo essas virgens sido poupadas, como se pode imaginar, ele então as obrigou a servir aos mistérios de Diana totalmente nuas, mistérios estes, porém, que só haviam sido vistos através de um véu. São Teodato, que, na verdade, era taberneiro, mas não por isso menos zeloso, orou fervorosamente para que Deus permitisse que essas santas filhas morressem, por medo de que elas sucumbissem à tentação. Deus atendeu a esse pedido. O governador mandou atirá-las num lago com uma pedra amarrada ao pescoço. Logo elas apareceram para Teodato e lhe pediram que ele não permitisse que seus corpos fossem comidos pelos peixes. Essas foram suas próprias palavras.

O santo taberneiro e seus companheiros foram durante a noite à beira do lago guardado por soldados. Uma tocha celeste marchou todo o tempo diante deles e, quando chegaram até o local onde estavam os guardas, um cavaleiro celeste, completamente armado, perseguiu tais guardas de lança na mão. São Teodato retirou do lago os corpos das virgens. Ele foi levado diante do governador, e o cavaleiro

---

* Mulheres sacerdotisas perfeitamente castas. (N. T.)

celeste não impediu que lhe cortassem a cabeça. Não cessamos de repetir que veneramos os verdadeiros mártires, mas, ainda assim, é difícil acreditar nessa história de Bollandus e Ruinart.

É necessário contar, aqui, a história do jovem São Romano? Atiraram-no ao fogo, diz Eusébio, e os judeus que estavam presentes insultaram Jesus Cristo, que deixava seus confessores queimar depois que Deus havia tirado Sidrach, Misach e Abenago da fornalha ardente. Os judeus mal haviam acabado de falar quando São Romano saiu triunfante da fogueira. O imperador ordenou que ele fosse perdoado e disse ao juiz que não queria ter nenhum problema com Deus; estranhas palavras para Diocleciano! O juiz, apesar do perdão concedido pelo imperador, ordenou que a língua de São Romano fosse cortada e, mesmo possuindo carrascos, fez com que tal operação fosse realizada por um médico. O jovem Romano, nascido gago, passou a falar com desenvoltura a partir do momento em que cortaram sua língua. O médico foi repreendido e, para mostrar que a operação havia sido realizada segundo as regras da arte, pegou um transeunte e lhe cortou o mesmo tanto de língua que cortara de São Romano. Dessa forma, o transeunte morreu lá mesmo, pois, acrescenta sabiamente o autor, "a anatomia nos ensina que um homem sem a língua não poderia viver". De fato, se Eusébio escreveu semelhantes bobagens, se elas não foram juntadas a seus escritos, que confiança pode-se ter em sua *História*?

Chegou a nós o martírio de Santa Felicidade e de seus sete filhos, enviados à morte pelo sábio e piedoso Antonino, sem ser nomeado o autor do relato.

É muito provável que algum autor mais zeloso do que verdadeiro tenha almejado copiar a história dos Macabeus. É assim que começa o relato: "Santa Felicidade era romana, ela vivia sob o reinado de Antonino". Está claro, por essas palavras, que o autor não era contemporâneo de Santa Felicidade. Ele diz que o pretor os julgou em seu tribunal no campo de Marte. Porém o prefeito de Roma mantinha seu tribunal no Capitólio e não no campo de Marte, que, após ter servido para a realização dos comícios, servia na época a desfiles de soldados, às corridas e aos jogos militares; isso por si só demonstra a falsidade do relato.

Ainda é dito que após o julgamento o imperador incumbiu a diferentes juízes o trabalho de executar a sentença. O que é inteiramente contrário a todas as formalidades dessa e de todas as épocas.

Existe também um Santo Hipólito que, supostamente, foi arrastado por cavalos, assim como Hipólito, filho de Teseu. Esse suplício nunca foi conhecido dos antigos romanos, e apenas a semelhança do nome fez com que inventassem essa lenda.

Observai ainda que nessas relações dos mártires, compostas unicamente com os próprios cristãos, vemos quase sempre uma multidão de cristãos vir livremente na prisão do condenado, segui-lo até o suplício, recolher seu sangue, enterrar seu corpo, fazer milagres com as relíquias. Se fosse apenas a religião que tivesse sido perseguida, não teriam imolado esses cristãos declarados que assistiam seus irmãos condenados e que eram acusados de operar encantamentos com os restos dos corpos martirizados? Não os teriam tratado assim como nós tratamos os valdenses, os albigenses, os hussitas, as diferentes seitas de protestantes? Nós os degolamos, queimamos aos montes sem distinção nem de idade nem de sexo. Há, nas relações comprovadas de perseguições antigas, um único traço que se aproxime da Noite de São Bartolomeu e dos massacres da Irlanda? Há nelas um único traço que se assemelhe à festa anual que ainda se celebra em Toulouse, festa cruel, para sempre abominável, na qual um povo inteiro agradece a Deus em procissão e se felicita por ter executado, duzentos anos antes, quatro mil de seus concidadãos?

Digo isso com horror, mas com verdade: somos nós cristãos, somos nós que fomos perseguidores, carrascos e assassinos! E de quem? De nossos irmãos. Fomos nós que destruímos cem cidades, com a cruz ou a *Bíblia* nas mãos, e que jamais cessamos de espalhar o sangue e inflamar fogueiras, desde o reinado de Constantino até os furores dos canibais que habitavam as Cevenas, furores que, graças aos céus, não mais subsistem hoje.

De vez em quando, ainda enviamos ao patíbulo pobres coitados do Poitou, do Vivarais, de Valence, de Montauban. Nós enforcamos, desde 1745, oito indivíduos desses que chamamos *predicantes* ou *ministros do Evangelho*, que tinham como único crime ter orado a Deus pelo rei em patoá e ter dado uma gota de vinho e um pedaço de pão levedado a alguns camponeses imbecis. Não se sabe nada disso em Paris, onde o prazer é a única coisa importante, onde se ignora tudo isso o que se passa na província e no estrangeiro. Esses processos são feitos em uma hora e mais rápido do que se julgaria um desertor. Se o rei tivesse ficado ciente deles, os teria perdoado.

Não se tratam assim os padres católicos em nenhum país protestante. Existem mais de cem padres católicos na Inglaterra e na Irlanda. Eles são conhecidos e foram deixados viver em paz na última guerra. Seremos sempre nós os últimos a abraçar as opiniões sãs das outras nações? Elas se corrigiram; quando corrigiremos a nós mesmos? Foram necessários sessenta anos para nos fazer adotar aquilo que Newton havia demonstrado. Mal começamos a salvar a vida de nossas crianças pela inoculação. Há muito pouco tempo, começamos a praticar os verdadeiros princípios da agricultura; quando começaremos a praticar os verdadeiros princípios da humanidade? E com que cara nós podemos reprovar os pagãos por terem feito mártires, enquanto nós fomos culpados da mesma crueldade e nas mesmas circunstâncias?

Concordemos que os romanos tenham feito morrer uma multidão de cristãos unicamente por sua religião; nesse caso, os romanos foram muito condenáveis. Gostaríamos de cometer a mesma injustiça? E quando os reprovamos por terem perseguido, gostaríamos nós de sermos perseguidores?

Caso aparecesse alguém desprovido de boa-fé e fanático o bastante para me dizer aqui "Por que vens revelar nossos erros e nossas faltas? Por que destruir nossos falsos milagres e nossas falsas lendas? Estas são o alimento da piedade de várias pessoas. Existem erros necessários. Não arranque do corpo a úlcera inveterada que arrastaria consigo a destruição de todo o corpo", eis o que eu lhe responderia:

Todos esses falsos milagres com os quais agitais a fé que devemos aos verdadeiros, todas essas lendas absurdas que acrescentais às verdades do Evangelho, extinguem a religião nos corações. Muitas pessoas que querem se instruir, e que não têm tempo suficiente para isso, dizem: os mestres de minha religião me enganaram, então não existe religião alguma. É melhor jogar-se nos braços da natureza do que nos braços do erro. Prefiro depender da lei natural a ter de depender das invenções dos homens. Outros têm a infelicidade de ir ainda mais longe. Eles veem que a impostura lhes colocou um freio e não querem nem mesmo o freio da verdade; inclinam-se para o ateísmo. Tornam-se depravados porque outros foram trapaceiros e cruéis.

Eis aí, certamente, as consequências de todas as fraudes piedosas e de todas as superstições. Os homens, normalmente, só raciocinam apenas pela metade. É um argumento muito ruim afirmar: Voragine, o autor da *Lenda dourada*, e o jesuíta Ribadeneira, compilador da *Flor dos santos*, só dizem disparates; logo, não existe Deus em absoluto. Os católicos degolaram certo número de huguenotes, e os huguenotes, por sua vez, assassinaram certo número de católicos; logo, não existe Deus. Serviram-se da confissão, da comunhão e de todos os sacramentos para cometer os crimes mais horríveis; logo, não existe Deus. Eu concluiria o contrário: logo, existe um deus que, após esta vida passageira, na qual o conhecemos tão mal, e cometemos tantos crimes em seu nome, dignar-se-á a consolar-nos por tantas horríveis infelicidades. Pois, a considerar as guerras de religião, os quarenta cismas de papas que foram quase todos sanguinários, as imposturas que foram quase todas funestas, os ódios inconciliáveis inflamados pelas diferentes opiniões, a ver todos os males produzidos pelo falso zelo; os homens já tiveram por demasiado tempo seu inferno nesta vida.

XI. Abuso da intolerância

Mas como! Será permitido a cada cidadão crer apenas em sua razão e pensar o que essa razão esclarecida ou enganada lhe ditar? Necessariamente,[28] com a condição de que ele não perturbe a ordem. Pois não depende do homem acreditar ou não acreditar, mas dele depende respeitar os costumes de sua pátria. E se disséseis que é crime não crer na religião dominante, vós próprios acusaríeis, então, os primeiros cristãos, vossos pais, e justificaríeis aqueles que acusais de tê-los entregue aos suplícios.

Respondeis que a diferença é grande, que todas as religiões são obras humanas e que unicamente a Igreja Católica Apostólica Romana é obra de Deus. No entanto, de boa-fé, porque nossa religião é divina, deve ela reinar pelo ódio, pelos furores, pelos exílios, pelo arrebatamento de bens, as prisões, as torturas, os assassinatos e as ações de graça dedicadas a Deus por esses assassinatos? Mais a religião cristã é divina, menos cabe ao homem a comandar. Se Deus a fez, Deus a irá sustentar sem vós. Sabeis que a intolerância não produz senão hipócritas ou rebeldes; que alternativa funesta! Enfim, gostaríeis de sustentar por intermédio de carrascos a religião de um Deus que por carrascos foi morto, e que pregou unicamente a doçura e a paciência?

Vede, rogo-vos, as consequências hediondas do direito de intolerância. Se fosse permitido retirar os bens, jogar numa masmorra, matar um cidadão que, em tal grau de latitude, não professasse a religião admitida neste grau, que exceção eximiria os mandatários do Estado das mesmas penas? A religião liga igualmente o monarca e os mendicantes. Dessa forma, mais de cinquenta doutores e monges afirmaram esta horrível monstruosidade de que seria permitido depor e matar os soberanos que não pensassem como a Igreja dominante. E os parlamentos do reino não cessaram de proscrever essas abomináveis decisões de abomináveis teólogos.[29]

O sangue de Henrique, o Grande, ainda fumegava quando o parlamento de Paris emitiu uma sentença que estabelecia a independência da coroa como uma lei fundamental. O cardeal Duperron, que devia a púrpura a Henrique, o Grande, levantou-se, nos estados gerais de 1614, contra a sentença do parlamento e fez com que a

54

suprimissem. Todos os jornais da época relatam as palavras com as quais Duperron se serviu em seus pronunciamentos: "Se um príncipe se tornasse ariano – diz ele –, seríamos, necessariamente, obrigados a depô-lo".

Seguramente não, senhor cardeal. Queremos muito adotar vossa suposição quimérica que um de nossos reis, tendo lido a história dos concílios e dos Pais da Igreja, comovido, aliás, pelas palavras *meu Pai é maior do que eu*, tomando-as ao pé da letra e pendendo entre o concílio de Niceia e o de Constantinopla, se declarasse a favor de Eusébio de Nicomedia: por isso eu não obedeceria menos ao meu rei, não acreditaria estar menos ligado ao juramento que lhe fiz. E se ousasses erguer-te contra ele e eu fosse um de teus juízes, declarar-te-ia criminoso de lesa-majestade.

Duperron levou a disputa ainda mais longe, e eu a abrevio. Não é aqui o lugar de se aprofundar tais quimeras revoltantes. Limitar-me-ei a dizer, com todos os cidadãos, que não é, em absoluto, porque Henrique iv fora consagrado em Chartres que lhe devíamos obediência, mas sim porque o direito incontestável de nascimento dava a coroa para esse príncipe, que a merecia por sua coragem e sua bondade.

Que seja, então, permitido dizer que todo cidadão deva herdar, pelo mesmo direito, os bens de seu pai, e que não se pense que ele mereça ser privado deles e arrastado à força, porque isso é a opinião de Ratram contra Paschase Ratbert, e de Bérenger contra Duns Escoto.

Sabemos que todos os nossos dogmas nem sempre foram claramente explicados e universalmente aceitos em nossa Igreja. Jesus Cristo, nunca nos tendo dito como procedia o Espírito Santo, a Igreja latina acreditou por muito tempo, junto com a grega, que procedia apenas do Pai. Por fim, ela acrescentou ao símbolo que também procedia do Filho. Pergunto-me se, no dia seguinte dessa decisão, um cidadão que se mantivesse com o símbolo da véspera teria sido digno de morte. A crueldade e a injustiça seriam elas menores em punir hoje em dia alguém que pensasse como outrora se pensava? Era-se culpável, nos tempos de Honório i, por acreditar que Jesus não teria duas vontades?

Não faz muito tempo que a imaculada conceição foi estabelecida. Os dominicanos ainda não creem nela. Quando os dominicanos começarão a merecer punições neste mundo e no outro?

Se devemos aprender com alguém a nos conduzir em nossas disputas intermináveis, é, certamente, com os apóstolos e os evangelistas. Havia motivo para se incitar um cisma violento entre São Paulo e São Pedro. Paulo diz expressamente em sua *Epístola aos Gálatas* que ele resistiu em face de Pedro, pois Pedro era repreensível, uma vez que ele usava de dissimulação, assim como Barnabé, já que eles comiam com os gentios antes da chegada de Tiago, mas depois se retiraram secretamente e separaram-se dos gentios por medo de ofender os circuncidados. "Eu vi", acrescenta ele, "que eles não agiam direito segundo o Evangelho. Eu disse a Cefas: 'se tu judeu vives como os gentios e não como os judeus, por que obrigas os gentios a se judaizarem?'"

Aí estava um assunto de querela violenta. Tratava-se de saber se os novos cristãos se judaizariam ou não. O próprio São Paulo foi, nessa época, realizar sacrifícios no templo de Jerusalém. Sabe-se que os quinze primeiros bispos de Jerusalém foram judeus circuncidados, que observaram o sabá e abstiveram-se das carnes proibidas. Um bispo espanhol ou português que se circuncidasse e observasse o sabá seria queimado em um *auto de fé*. Entretanto a paz não foi alterada, por conta dessa questão fundamental, nem entre os apóstolos, nem entre os primeiros cristãos.

Se os evangelistas fossem semelhantes aos escritores modernos, eles teriam um campo bem vasto para combaterem-se uns contra os outros. São Mateus conta vinte e oito gerações de Davi até Jesus. São Lucas, por sua vez, conta quarenta e uma, e essas genealogias são absolutamente diferentes entre si. No entanto não se vê discórdia alguma surgir entre os discípulos sobre essas contrariedades aparentes, muito bem conciliadas por muitos Pais da Igreja. A caridade não foi, em absoluto, ferida; a paz foi conservada. Mas que maior lição para tolerarmo-nos em nossas disputas e para tornarmo-nos humildes perante tudo o que não compreendemos!

São Paulo, em sua *Epístola* a alguns judeus romanos convertidos ao cristianismo, emprega todo o final do terceiro capítulo para dizer que apenas a fé glorifica e que as obras não justificam ninguém. São Tiago, ao contrário, em sua *Epístola* às doze tribos dispersas por toda a Terra, capítulo ii, não cessa de afirmar que não se pode ser salvo sem as obras. Eis aí o que separou duas grandes comunhões entre nós, e que, em absoluto, não dividiu os apóstolos.

Se a perseguição contra aqueles com quem disputamos fosse uma ação santa, seria necessário confessar que aquele que tivesse matado o maior número de hereges seria o maior santo do paraíso. Que figura faria um homem que tivesse se contentado em despojar seus irmãos e em jogá-los cm masmorras, perto de um mais zeloso que teria massacrado centenas deles na Noite de São Bartolomeu? Eis aqui a prova:

O sucessor de São Pedro e seu consistório não podem errar. Eles aprovaram, celebraram e consagraram a ação da Noite de São Bartolomeu. Logo, essa ação era muito santa. Logo, de dois assassinos iguais em piedade, aquele que teria estripado vinte e quatro mulheres huguenotes grávidas deve ser elevado em glória duas vezes mais do que outro que não teria estripado mais que doze. Pela mesma razão, os fanáticos das Cevenas deviam crer que seriam elevados em glória na proporção do número de padres, religiosos e mulheres católicas que teriam degolado. Esses são estranhos títulos para a glória eterna.

XII. Se a intolerância foi de direito divino no judaísmo e se foi sempre posta em prática

Acredito que são chamados *direitos divinos* os preceitos dados pelo próprio Deus. Ele quis que os judeus comessem um cordeiro cozido com alfaces e que os comensais se alimentassem em pé com um bastão na mão, em comemoração do *Phasé*.* Ordenou que a consagração do sumo sacerdote fosse realizada colocando-se sangue em sua orelha, sua mão e em seu pé direitos. Costumes extraordinários para nós, mas não para a Antiguidade. Ele quis que sacrificassem o bode *Hazazel* pelas iniquidades do povo.** Proibiu a alimentação[30] com peixes sem escamas, porcos, lebres, ouriços, corujas, *gaviões, ixios**** etc.

Deus instituiu as festas e as cerimônias. Todas essas coisas que pareciam arbitrárias para as outras nações e submetidas ao direito positivo, ao costume, sendo ordenadas pelo próprio Deus, tornavam-se um direito divino para os judeus. Assim como tudo o que Jesus Cristo, filho de Maria, filho de Deus, ordenou-nos é de direito divino para nós.

Evitamos especular aqui por que Deus substituiu a lei que havia dado a Moisés por uma nova, e por que ele ordenara a Moisés mais coisas do que ao patriarca Abraão, e mais a Abraão do que a Noé.[31] Parece que ele se digna a adaptar-se aos tempos e à população do gênero humano. É uma gradação paternal. Porém tais abismos são profundos demais para nossa débil visão. Mantenhamo-nos nos limites de nosso assunto. Vejamos, inicialmente, o que era a intolerância entre os judeus.

É verdade que nos livros do *Êxodo*, *Números*, *Levítico* e no *Deuteronômio* há leis muitos severas sobre o culto e castigos ainda mais severos. Muitos comentadores têm dificuldades em conciliar as narrativas de Moisés com as passagens de *Jeremias*, de *Amós* e com o célebre discurso de Santo Estêvão relatado nos *Atos dos apóstolos*.

---

* Casos relatados no livro bíblico do *Êxodo*. (N. T.)
** No livro do *Levítico*. (N. T.)
*** No original: *griffons, ixions*. (N. T.)

Amós diz[32] que os judeus adoraram, por todo o tempo no deserto,* Moloque, Renfã e Quium. Jeremias diz expressamente[33] que Deus não exigiu sacrifício algum de seus pais quando eles saíram do Egito. Santo Estêvão, em seu discurso aos judeus, diz assim: "Eles adoraram a armada celeste,[34] não ofereceram nem sacrifícios nem hóstias no deserto durante quarenta anos. Levaram o tabernáculo do deus Moloque e os astros do deus Renfã."

Outros críticos inferem o culto de tantos deuses estrangeiros a ponto de esses deuses terem sido tolerados por Moisés. Como prova, eles citam essas palavras do *Deuteronômio*:[35] "Quando estiverdes na terra de Canaã, não fareis como hoje fazemos, cada qual faz aquilo que lhe apetece".[36]

Apoiam sua posição sobre o fato de que não há comentários sobre nenhum ato religioso do povo no deserto. A Páscoa não é celebrada e tampouco a Pentecostes, nenhuma menção de que se tenha celebrado a festa dos tabernáculos, nenhuma prece pública estabelecida. Finalmente, a circuncisão, esse sinal da Aliança de Deus com Abraão, não foi de modo algum praticada.

Tais críticos também se utilizam da história de Josué. Esse conquistador diz aos judeus:[37] "A opção vos é dada: escolhei qual partido ireis preferir, adorar os deuses ao quais servistes no país dos amorreus, ou aqueles que reconhecestes na Mesopotâmia." O povo respondeu: "Isso não acontecerá, serviremos Adonai". Josué replicou: "Escolhestes por si próprios; retirai, pois, do meio de vós os deuses estrangeiros". Portanto eles tinham, incontestavelmente, outros deuses além de Adonai no tempo de Moisés.

É bastante inútil contestar aqui os críticos que pensam que o *Pentateuco* não foi escrito por Moisés. Tudo sobre esse assunto já foi dito há muito tempo. E mesmo se algumas pequenas partes dos livros de Moisés tiverem sido escritas nos tempos dos juízes ou dos pontífices, não por isso eles seriam menos inspirados e divinos.

Já é o bastante, parece-me, que seja provado pelas *Santas Escrituras* que, apesar da extraordinária punição atraída pelos judeus por conta do culto de Ápis, ainda assim, eles conservaram por muito tempo uma liberdade completa. Pode até mesmo ser que o massacre realizado por Moisés de vinte e três mil homens, por conta do

---

* Esse tempo se refere aos quarenta anos em que os hebreus vagaram pelo deserto do Sinai antes de chegar à terra prometida de Canaã. (N. T.)

bezerro erigido por seu irmão,* fez-lhe compreender que nada se ganha através do rigor, e que ele foi obrigado a fechar os olhos para a paixão do povo pelos deuses estrangeiros. O próprio Moisés[38] parece em seguida transgredir a lei que estabeleceu. Ele proibiu todos os ídolos; entretanto, erigiu uma serpente de bronze. A mesma exceção à lei se encontra depois no templo de Salomão. Esse príncipe mandou esculpir doze bois que sustentavam a grande bacia do templo. Querubins foram colocados na arca. Eles tinham uma cabeça de águia e outra de bezerro. E, aparentemente, é essa cabeça de bezerro malfeita, encontrada no templo por soldados romanos, que gerou por muito tempo a crença de que os judeus adoravam um asno.

Em vão, o culto dos deuses estrangeiros foi proibido. Salomão foi tranquilamente idólatra. Jeroboão, a quem Deus deu dez partes do reino, mandou erigir dois bezerros de ouro e reinou durante vinte e dois anos, reunindo em si mesmo as dignidades de monarca e pontífice. O pequeno reino de Judá ergueu, sob o reinado de Roboão, altares estrangeiros bem como estátuas. O santo rei Asa não destruiu os lugares altos.[39] O grande sacerdote Urias erigiu no templo, no lugar do altar dos holocaustos, um altar do rei da Síria. Em uma palavra, não se vê constrangimento algum sobre a religião. Sei que a maioria dos reis judeus se exterminou; assassinaram-se uns aos outros. Porém isso foi sempre por conta de seus interesses, e não de suas crenças.

É verdade que, dentre os profetas, houve aqueles que envolveram o céu em sua vingança: Elias fez descer o fogo celeste para consumir os sacerdotes de Baal. Eliseu invocou ursos para devorarem quarenta e duas criancinhas que o haviam chamado de *careca*.** Mas esses são milagres raros e fatos que seriam um pouco difícil de querer imitar.

Objetam-nos, ainda, que o povo hebreu foi muito ignorante e bárbaro. É dito[40] que, na guerra empreendida contra os madianitas,

---

* Segundo o livro do *Êxodo*, enquanto Moisés estava no monte Sinai recebendo os mandamentos de Deus, o povo hebreu se cansou de esperar e pediu para que Aarão confeccionasse um novo deus para eles. Esse irmão de Moisés atendeu o povo e, juntando os objetos de ouro que os hebreus possuíam, forjou um bezerro de ouro que passou a ser adorado com dança e cânticos. Finalmente, ao descer da montanha, Moisés se horrorizou com esse sacrilégio e puniu severamente o povo hebreu, assim como o próprio Voltaire relata aqui e em sua 36ª nota deste livro. (N. T.)

** No original: *Tête chauve*. (N. T.)

Moisés ordenou que matassem todas as crianças do gênero masculino com todas as mães e que dividissem o butim. Os vencedores encontraram no campo 675 mil ovelhas, 72 mil bois, 61 mil asnos e 32 mil meninas. Fizeram a partilha disso e mataram todo o resto. Muitos comentadores chegam a sugerir que trinta e duas meninas foram imoladas ao Senhor: "*Cesserunt in partem Domini triginta duae animae*".

Com efeito, os judeus imolavam humanos à Divindade. Testemunham-no o sacrifício de Jefté[41] e o rei Agag[42], cortado em pedaços pelo sacerdote Samuel. O próprio Ezequiel promete aos hebreus, para encorajá-los, que comeriam carne humana: "Ireis comer", diz ele, "o cavalo e o cavaleiro. Ireis beber o sangue dos príncipes." Diversos comentadores relacionam dois versículos dessa profecia aos próprios judeus, e os outros, aos animais carnívoros. Não se encontra, em toda a história desse povo, nenhum traço de generosidade, de magnanimidade, de bondade. No entanto, da nuvem dessa barbárie, tão longa e horrenda, sempre escapam raios de uma tolerância universal.

Jefté, inspirado por Deus, a quem imolou sua filha, disse aos amonitas:[43] "O que vosso deus Camos vos concedeu, acaso não vos pertence de direito? Aceitai, pois, que tomemos a terra que nosso Deus, por seu turno, nos prometeu". Tal declaração é precisa: ela pode levar muito longe, mas, ao menos, é prova evidente de que Deus tolerava Camos. Já que a Santa Escritura não diz: "Pensais ter direito sobre as terras que dizeis vos ter sido concedidas pelo deus Camos". Mas ela diz, positivamente: "Possuís direito, *tibi jure debentur*"; o que é o verdadeiro sentido dessas palavras hebraicas *otho thirasch*.

A história de Mica e do levita, relatada nos capítulos XVII e XVIII do livro dos Juízes, é também uma prova bastante incontestável da tolerância e da maior liberdade então admitidas entre os judeus. A mãe de Mica, mulher muito rica de Efraim, perdera mil e cem peças de prata; seu filho as devolveu. Ela consagrou essa prata ao Senhor e dela mandou fazer ídolos. Edificou uma pequena capela. Um levita cuidou de fazer a capela, mediante dez peças de prata, uma túnica e um manto por ano, além de sua alimentação. Mica exclamou:[44] "É agora que Deus me beneficiará, pois tenho junto a mim um sacerdote da raça de Levi".

Entretanto seiscentos homens da tribo de Dã que buscavam apoderar-se de algum vilarejo do país para lá se instalar, mas que não tinham junto de si nenhum sacerdote levita e que disso tinham necessidade para que Deus favorecesse sua empreitada, foram até a morada de Mica e tomaram seu éfode, seus ídolos e seu levita, malgrado as advertências desse sacerdote e os gritos de Mica e sua mãe. Então eles foram, confiantemente, atacar o vilarejo chamado Laís e lá botaram fogo e sangue segundo o seu costume. Deram o nome de Dã a Laís em memória de sua vitória. Colocaram o ídolo de Mica em um altar. E, o que é muito mais memorável, Jônatas, neto de Moisés, foi o grande sacerdote desse templo, onde se adorava o Deus de Israel e o ídolo de Mica.

Após a morte de Gedeão, os hebreus adoraram Baal-Bérith durante aproximadamente vinte anos e renunciaram ao culto de Adonai sem que nenhum chefe, nenhum juiz, nenhum sacerdote gritasse por vingança. Seu crime era grave, admito. Mas se até essa idolatria foi tolerada, quantas diferenças referentes ao verdadeiro culto devem ter tido eles!

Alguns apresentam como prova de intolerância o fato de que o próprio Senhor, tendo permitido que sua arca fosse tomada pelos filisteus em um combate, puniu estes apenas os ferindo com uma doença secreta semelhante às hemorroidas, derrubando a estátua de Dagon e enviando uma multidão de ratos para seus campos. Porém, assim que os filisteus, para apaziguar sua cólera, devolveram a arca arrastada por duas vacas que alimentavam seus bezerros e ofereceram a Deus cinco ratos e cinco asnos de ouro, o Senhor fez morrer setenta anciãos de Israel e cinquenta mil homens do povo por terem visto a arca. Respondemos que a punição do Senhor não caiu, em absoluto, sobre uma crença, sobre uma diferença no culto e nem sobre nenhuma idolatria.

Se o Senhor tivesse querido punir a idolatria, ele teria feito perecer todos os filisteus que ousaram tomar sua arca e que adoravam Dagon. No entanto ele fez perecer cinquenta mil e setenta homens de seu povo unicamente porque eles haviam olhado a arca que não deviam olhar. Tanto as leis e os costumes quanto a economia judaica diferem de tudo o que conhecemos. Muitos caminhos inescrutáveis de Deus estão acima dos nossos. "O rigor exercido", diz o judicioso dom Calmet, "contra esse grande número de homens parecerá excessivo apenas àqueles que não tenham compreendido até que ponto Deus queria ser temido e respeitado junto a seu povo, e que só sabem julgar as visões e os desígnios de Deus seguindo as fracas luzes de sua razão".

Segue que Deus não pune um culto estrangeiro, mas uma profanação do seu. Pune uma curiosidade indiscreta, uma desobediência, talvez até um espírito de revolta. Percebe-se bem que tais castigos pertencem a Deus apenas na teocracia judaica. Nunca é demais repetir que tais tempos e costumes não têm relação alguma com os nossos. Finalmente, em séculos posteriores, quando Naaman, o idólatra, perguntou a Eliseu se lhe era permitido seguir seu rei[45] no templo de Remmon, *e de junto dele adorar este deus*, então esse mesmo Eliseu, que havia feito as crianças serem devoradas pelos ursos, não lhe respondeu "vá em paz"?

Ainda há muito mais: o Senhor ordenou a Jeremias que pusesse cordas no pescoço, cabrestos[46] e cangas e os enviasse aos régulos, ou *melchim*, de Moabe, Amon, Edom, Tiro e Sídon. Jeremias transmitiu-lhes as palavras do Senhor: "Eu dei todas as vossas terras a Nabucodonosor, rei da Babilônia, meu servo".[47] Eis aí um rei idólatra declarado servo e favorito de Deus.

O mesmo Jeremias que o *melk*, ou régulo, judeu Sedecias havia mandado encarcerar, tendo obtido o perdão deste último, o aconselhou, por parte de Deus, a render-se ao rei da Babilônia:[48] "Se te renderes a seus oficiais, tua alma viverá". Portanto Deus toma, enfim, o partido de um rei idólatra. Entrega-lhe a arca cuja única olhada havia custado a vida de cinquenta mil e setenta judeus. Entrega-lhe o santo dos santos* e o restante do templo cuja construção havia custado cento e oito mil talentos de ouro, um milhão e dezessete mil talentos de prata e dez mil dracmas de ouro, deixados por Davi e seus ministros para a construção da casa do Senhor. Isso que, sem contar os denários empregados por Salomão, eleva a quantia à soma de aproximadamente dezenove bilhões e sessenta e dois milhões nos valores daquela época. Nunca a idolatria foi mais recompensada. Sei que essa conta é exagerada, que provavelmente houve um erro de copista. Mas reduzi a soma pela metade, à quarta parte, ou até mesmo à oitava, ainda assim ela vos espantará. Não ficamos menos surpresos com as riquezas que Heródoto diz ter testemunhado no templo de Éfeso. Enfim, os tesouros nada são aos olhos de Deus, e o nome de seu servidor, concedido a Nabucodonosor, é o verdadeiro tesouro inestimável.

---

* Segundo a *Bíblia*, após conquistar os hebreus, Nabucodonosor leva a arca da aliança como butim para a Babilônia. (N. T.)

Deus[49] não favorece menos o Kir, ou Koresh, ou Kosroès que nós chamamos de Ciro. Chama-o de seu *cristo*, seu *ungido*, embora ele não tenha sido ungido, segundo a significação comum dessa palavra, e tenha seguido a religião de Zoroastro. Chama-o de seu pastor, embora ele tenha sido usurpador aos olhos dos homens. Não há em toda a Santa Escritura uma marca maior de predileção.

Vede em Malquias que "desde o nascente ao poente do sol, o nome de Deus é grande entre as nações e, em toda parte, oferecem-lhe oblações puras". Deus se preocupa com os ninivitas idólatras tanto quanto com os judeus; a ambos ele ameaça e perdoa. Melquisedeque, que não era judeu, realizava sacrifícios a Deus. Balaão, um idólatra, era profeta. As *Escrituras* nos ensinam, portanto, que Deus não apenas tolerava todos os outros povos, mas tinha por eles uma preocupação paternal. E nós ousamos ser intolerantes!

XIII. Extrema tolerância dos judeus

Assim, pois, sob Moisés, sob os juízes e sob os reis, vedes sempre exemplos de tolerância. E há muitos mais:[50] Moisés diz diversas vezes que "Deus pune os pais em seus filhos até a quarta geração". Essa ameaça se fazia necessária para um povo a quem Deus não havia revelado nem a imortalidade da alma, nem as penas e recompensas numa outra vida. Essas verdades não foram anunciadas aos hebreus nem no *Decálogo*,* nem em nenhuma lei do *Levítico* e do *Deuteronômio*. Eram dogmas dos persas, dos babilônios, dos egípcios, dos gregos e dos cretenses. Mas não constituíam de maneira alguma a religião dos judeus. Moisés jamais diz "honra teu pai e tua mãe se queres ir para o céu", mas "honra teu pai e tua mãe a fim de muito viver sobre a Terra". Ele os ameaça apenas com males corporais,[51] a sarna seca, a sarna purulenta, úlceras malignas nos joelhos e na gordura das pernas. Os ameaça de ser expostos às infidelidades de suas mulheres, tomarem empréstimos com juros dos estrangeiros e não poderem emprestar a juros, a morrerem de fome e serem obrigados a comer seus filhos. No entanto, em nenhum lugar ele lhes diz que suas almas imortais sofrerão tormentos após a morte, ou que provarão felicidades. Deus, que conduzia pessoalmente o seu povo, recompensava-os ou punia-os imediatamente após suas boas ou más ações. Tudo era temporal, e isso é uma verdade da qual Warburton abusa para provar que a lei dos judeus era divina,[52] porque mesmo Deus sendo seu rei, fazendo justiça imediata após a transgressão ou a obediência, não tinha necessidade de revelar-lhes uma doutrina que reservava para os tempos em que não governaria mais seu povo. Aqueles que, por ignorância, asseveram que Moisés ensinava sobre a imortalidade da alma privam o *Novo Testamento* de uma de suas maiores vantagens sobre o *Antigo*. Consta que a lei de Moisés não anunciava senão punições temporais até a quarta geração. Entretanto, apesar do enunciado preciso dessa lei, apesar dessa declaração expressa de Deus de que ele puniria até a quarta geração, Ezequiel anuncia o total oposto aos judeus. Este último lhes diz[53] que o filho não carregará, de modo algum, a iniquidade de seu pai.

---

* Os dez mandamentos. (N. T.)

Chega mesmo a fazer Deus dizer que lhes dera[54] "preceitos que não eram bons".[55]

O livro de *Ezequiel* não deixou, por isso, de ser inserido no cânon dos autores inspirados por Deus. É verdade que a sinagoga não permitia sua leitura antes da idade de trinta anos, como nos informa São Jerônimo. Mas era por receio de que a juventude abusasse das imagens demasiadas ingênuas que se encontram nos capítulos XVI e XXIII da libertinagem das duas irmãs Oolá e Oolibá. Em uma palavra, seu livro sempre foi aceito, apesar de sua contradição formal com Moisés.

Finalmente,[56] quando a imortalidade da alma foi um dogma aceito, o que provavelmente começou desde os tempos do cativeiro na Babilônia, a seita dos saduceus persistiu na crença de que não havia nem punições e nem recompensas após a morte, e que as faculdades de sentir e de pensar pereciam conosco, assim como a força ativa e a capacidade de andar e digerir. Eles negavam a existência de anjos, diferenciavam-se muito mais dos outros judeus do que os protestantes se diferem dos católicos. Não por isso deixaram de permanecer na comunidade de seus irmãos. Houve até sumos sacerdotes de sua seita.

Os fariseus acreditavam na fatalidade[57] e na metempsicose.[58] Os essênios pensavam que as almas dos justos iriam para as ilhas afortunadas[59] e as dos maus, para uma espécie de Tártaro. Não realizavam sacrifício algum. Reuniam-se entre si numa sinagoga particular. Em uma palavra, se quisermos examinar de perto o judaísmo, espantar-nos-emos em encontrar a maior tolerância no meio de horrores dos mais bárbaros. Trata-se de uma contradição, é verdade. Quase todos os povos foram governados por contradições. Feliz é aquele que conduz a costumes brandos quando se tem leis de sangue!

xiv. Se a intolerância foi ensinada por Jesus Cristo

Vejamos agora se Jesus Cristo estabeleceu leis sanguinárias, se ordenou a intolerância, se mandou edificarem as masmorras da Inquisição, se instituiu os carrascos dos *autos de fé*.

Há, se não me engano, apenas poucas passagens nos Evangelhos nas quais o espírito perseguidor tenha inferido que a intolerância e a coerção são legítimas. Uma delas é a parábola na qual o reino dos céus é comparado a um rei que convida as pessoas à festa de núpcias de seu filho. Esse monarca lhes comunica por intermédio de seus servos:[60] "Abati meus bois e minhas aves. Está tudo pronto, vinde às núpcias". Alguns, sem se importar com o convite, retiram-se para suas casas de campo, outros vão cuidar de seus negócios. Outros, ainda, ultrajam os empregados do rei e os matam. O rei faz marchar seus exércitos contra esses assassinos e destrói sua cidade. Então envia, pelas estradas, seus servos a fim de convidar para o banquete todos que estes encontram pelo caminho. Um desses, estando à mesa sem a veste nupcial, é algemado e lançado nas trevas exteriores.

Está claro que, não visando tal alegoria senão ao reino dos céus, seguramente nenhum homem tem o direito de acorrentar ou de jogar no calabouço seu vizinho que tenha vindo jantar em sua casa sem vestir uma roupa nupcial adequada. Além disso, não conheço em toda a história nenhum príncipe que tenha mandado prender um cortesão por semelhante problema. Tampouco há de se temer quando o imperador, após abater suas aves, envia seus pajens aos príncipes do império, convidando-os para a ceia, que esses príncipes matem os pajens. O convite para o banquete significa a pregação da salvação. O assassinato dos enviados do rei representa a perseguição contra os que pregam a sabedoria e a virtude.

A outra parábola[61] é aquela sobre um particular que convida seus amigos para um grande jantar e, quando tudo está pronto para ser servido, envia seus empregados para chamá-los. Um se desculpa dizendo que comprara uma terra e que iria visitá-la. Tal justificação não parece válida, pois não é durante a noite que se vai ver sua terra. Outro alega que comprou cinco pares de bois e que deveria verificá-los. Este comete o mesmo erro que o outro, não se examinam bois na hora do jantar. Um terceiro responde que acabara de se casar, e, seguramente, sua desculpa é bastante aceitável. O pai de família, em cólera, manda vir a seu banquete os cegos e os aleijados e, vendo que ainda restavam lugares vazios, diz para seu criado: "Vá pelas estradas e ao longo dos atalhos e obrigue as pessoas a entrar".

É verdade que não se afirma expressamente que essa parábola simbolize o reino dos céus. Abusaram por demais destas palavras: *obrigue-os a entrar*. Entretanto é visível que um único criado não pode obrigar, por meio da força, todas as pessoas que ele encontre pelo caminho a ir jantar na casa de seu mestre. Além disso, os convidados, assim forçados, não tornariam a refeição muito agradável. *Obrigue-os a entrar* não quer dizer outra coisa, segundo os comentadores mais creditáveis, senão: roga, suplica, insiste, consiga. Qual a relação, pergunto-vos, entre essa súplica e esse jantar com a perseguição?

Se tomarmos as coisas ao pé da letra, será necessário ser cego, aleijado e conduzido à força para entrar no seio da Igreja? Jesus diz na mesma parábola: "Não dai de jantar a vossos amigos e parentes ricos". Por acaso disso inferiu-se alguma vez que não se devesse realmente jantar com seus parentes e amigos tão logo tenham um pouco de fortuna?

Jesus Cristo, após a parábola do banquete, diz:[62] "Se alguém vem a mim e não irrita seu pai, sua mãe, seus irmãos, suas irmãs e mesmo sua própria alma, não pode ser meu discípulo. Pois quem é aquele dentre vós que, desejando edificar uma torre, não se assenta primeiro para calcular a despesa?" Há alguém no mundo desnaturado o bastante para concluir que é necessário odiar seu pai e sua mãe? E não se compreende facilmente que essas palavras significam "Não oscilai entre mim e vossas mais caras afeições"?

Cita-se a passagem de São Mateus:[63] "Quem não escuta a Igreja, seja visto como um pagão e publicano". Isso não quer dizer, em absoluto, que se deva perseguir os pagãos e os cobradores de impostos do rei. Eles são malditos, é verdade, mas não são entregues ao braço secular. Longe de retirar desses cobradores de impostos qualquer prerrogativa de cidadão, foram-lhes dados os maiores privilégios. É a única profissão condenada na Escritura, e é a mais favorecida pelos governos. Por que, então, não teríamos nós por nossos irmãos errantes o mesmo tanto de indulgência quanto à consideração prodigalizada a nossos irmãos coletores?

Outra passagem da qual fizeram abuso grosseiro é aquela de São Mateus e São Marcos em que é dito que Jesus, tendo fome de manhã, aproximou-se de uma figueira na qual só encontrou folhagens, pois não era a época de figos. Ele amaldiçoou a figueira, que se ressecou imediatamente.

São dadas diversas explicações diferentes para esse milagre. Mas existe apenas uma que possa autorizar a perseguição? Uma figueira não pôde dar figos no começo de março, secaram-na. Seria isso razão para secarmos nossos irmãos na dor durante todas as épocas do ano? Respeitemos nas Escrituras tudo o que possa suscitar dificuldades em nossos espíritos curiosos e vãos, mas dessas passagens não abusemos para justificar ações duras e implacáveis.

O espírito perseguidor, que abusa de tudo, ainda procura sua justificação na expulsão dos mercadores do templo, e na legião de demônios enviados do corpo de um possuído para os corpos de dois mil animais imundos. Mas quem é que não vê que esses dois exemplos não passam de uma justiça que Deus, em pessoa, se dignou em fazer por uma contravenção à lei? Era uma falta de respeito para com a casa do Senhor transformar seu átrio num bazar de comerciantes. Em vão, o sinédrio e os sacerdotes permitiam esse negócio pela comodidade dos sacrifícios. O Deus, ao qual realizavam os sacrifícios, podia, sem dúvida, mesmo que oculto sob a figura humana, destruir essa profanação. Ele podia, da mesma forma, punir aqueles que introduziam no país rebanhos inteiros proibidos por uma lei a qual ele próprio havia estabelecido. Esses exemplos não têm a menor relação com os perseguidos pelo dogma. O espírito de intolerância precisa apoiar-se em péssimas razões, pois procura em toda parte os mais vãos pretextos.

Quase todo o resto das palavras e das ações de Jesus Cristo prega a doçura, a paciência e a indulgência. É o pai de família que acolhe o filho pródigo, é o operário que vem na última hora e é pago como os demais, é o bom samaritano. O próprio Jesus justifica seus discípulos por não jejuarem. Ele perdoa a pecadora. Contenta-se em recomendar fidelidade à mulher adúltera. Ele até condescende à inocente alegria dos convidados da festa de casamento de Caná que, estando já afogueados de vinho, pedem ainda mais. Ele realmente quer fazer um milagre em seu favor; por eles, transforma água em vinho.

Nem mesmo explode contra Judas, que deve traí-lo. Ordena a Pedro de jamais servir-se da espada. Repreende os filhos de Zebedeu que, a exemplo de Elias, queriam fazer descer fogo do céu sobre uma cidade que não quisera acolhê-lo.

Enfim, ele morre vítima da inveja. Se ousarmos comparar o sagrado com o profano, e um Deus com um homem, sua morte, humanamente falando, tem muito em comum com a morte de Sócrates. O filósofo grego pereceu pelo ódio dos sofistas, dos sacerdotes e da elite do povo. O legislador dos cristãos sucumbiu sob o ódio dos escribas, dos fariseus e dos sacerdotes. Sócrates podia ter evitado a morte e não o quis. Jesus Cristo se ofereceu voluntariamente. O filósofo grego não apenas perdoou seus caluniadores e seus juízes iníquos como também rogou-lhes que tratassem um dia seus filhos como a ele próprio, caso eles se tornassem felizes o suficiente para merecer a raiva deles, tal como o pai. O legislador dos cristãos, infinitamente superior, clamou a seu pai para perdoar seus inimigos.

Se Jesus Cristo pareceu temer a morte, se a angústia que ele sentiu foi tão extrema a ponto de ele ter tido um suor misturado com sangue, o que é o sintoma mais violento e raro, é porque ele se dignou a baixar-se a todas as fraquezas do corpo humano que havia vestido. Seu corpo tremia e sua alma estava inabalável. Ele nos ensinava que a verdadeira força, a verdadeira grandeza, consiste em suportar os males sob os quais nossa natureza sucumbe. Há uma extrema coragem em correr em direção à morte, temendo-a.

Sócrates havia chamado os sofistas de ignorantes e acusara-os de agirem de má-fé. Jesus, usando de seus direitos divinos, chamou os escribas[64] e os fariseus de hipócritas, insensatos, cegos, malvados, serpentes e raça de víboras.

Sócrates não foi acusado, em absoluto, de querer fundar uma seita nova. Não acusaram Jesus de querer introduzir uma.[65] É dito que os príncipes dos sacerdotes e todo o conselho procuravam um falso testemunho contra Jesus para fazê-lo perecer.

Ora, se eles procuravam um falso testemunho, então não o reprovavam por ter pregado publicamente contra a lei. Com efeito, Jesus foi submetido à lei de Moisés desde sua infância até sua morte. Circuncidaram-no no oitavo dia, como a todos os outros meninos. Se ele foi depois batizado no Jordão, essa era uma cerimônia consagrada entre os judeus, como entre todos os povos do Oriente. Todas as máculas da lei se dissipavam por meio do batismo. Era assim que se consagravam os sacerdotes, os mergulhavam na água durante a festa de expiação solene, batizavam-se os prosélitos.

Jesus observou todos os pontos da lei. Festejou todos os dias do sabá. Absteve-se das carnes proibidas. Celebrou todas as festas e mesmo antes de sua morte celebrara a Páscoa. Não o acusaram de nenhuma opinião nova e nem por ter observado algum rito estranho. Nascido israelita, viveu constantemente como israelita.

Duas testemunhas que se apresentaram acusaram-no de ter dito[66] que poderia destruir o templo e reconstruí-lo em três dias. Tal discurso era incompreensível para os judeus carnais; ainda assim, essa não era uma acusação de querer fundar uma nova seita.

O sumo sacerdote o interrogou e disse-lhe: "Te ordeno, pelo Deus vivo, de dizer-nos se tu és o Cristo, Filho de Deus". Não nos informam o que o sumo sacerdote entendia por Filho de Deus. Por vezes, se serviam dessa expressão para designar um justo,[67] como empregavam as palavras *filho de Belial* para designar um malfeitor. Os judeus grosseiros não tinham ideia alguma do mistério sagrado de um Filho de Deus, o próprio Deus vindo sobre a Terra.

Jesus lhe respondeu: "Tu o disseste, mas digo a ti que verás em breve o filho do homem sentado à direita da virtude de Deus, vindo sobre as nuvens do céu".

Essa resposta foi vista pelo sinédrio irritado como uma blasfêmia. O sinédrio não tinha mais o direito do gládio. Introduziram Jesus diante do governador romano da província e acusaram-no, caluniosamente, de ser um perturbador da ordem pública que dizia não ser necessário pagar o tributo a César e, além disso, se dizia o rei dos judeus. É, pois, da maior evidência que ele foi acusado de um crime de Estado.

O governador Pilatos, tendo tomado conhecimento de que Jesus era galileu, enviou-o de início para Herodes, tetrarca da Galileia. Herodes acreditou que era impossível que Jesus pudesse aspirar se tornar chefe de partido e pretender a realeza. Tratou-o com desprezo e o reenviou para Pilatos, que teve a indigna fraqueza de condená-lo para apaziguar o tumulto agitado contra ele, ainda mais porque já havia enfrentado uma revolta dos judeus, como nos informa Josefo. Pilatos não teve a mesma generosidade que teve depois o governador Festo.

Eu pergunto, agora, se é a tolerância ou a intolerância que é de direito divino? Se quiserdes vos assemelhar a Jesus Cristo, sede mártires, e não carrascos.

xv. Testemunhos contra a intolerância

Em matéria de religião, trata-se de uma impiedade retirar a liberdade dos homens e impedi-los de escolher uma divindade. Nenhum homem e nenhum deus gostariam de um serviço forçado. (*Apologética*, cap. xxiv)[*]

Se usassem de violência para a defesa da fé, os bispos se oporiam a ela. (Santo Hilário, liv. i)

A religião forçada não é mais religião. É preciso persuadir, e não impor. A religião não se obriga. (Lactâncio, liv. iii)

É uma execrável heresia querer cativar pela força, através de golpes, de aprisionamentos, aqueles que não pudemos convencer pela razão. (Santo Atanásio, liv. i)

Nada é mais contrário à religião do que a imposição. (São Justino, mártir, liv. v)

"Perseguiremos aqueles que Deus tolera?", diz Santo Agostinho, antes que sua querela com os donatistas o tivessem tornado demasiado severo.

Que não se cometa nenhuma violência contra os judeus. (*Quarto concílio de Toledo, quinquagésimo sexto cânon*)

Aconselhai, e não forçai. (*Carta de São Bernardo*)

Nós não pretendemos, em absoluto, destruir os erros através da violência. (*Discurso do clero da França a Luís xiii*)

Sempre desaprovamos as vias de rigor. (*Assembleia do clero*, 11 de agosto de 1560)

Sabemos que a fé se persuade e não se obriga. (Fléchier, bispo de Nîmes, *carta* 19)

Não devemos sequer usar de termos insultantes. (Bispo Du Bellai, em uma *Instrução pastoral*)

Lembrai-vos que as enfermidades da alma não se curam pela imposição e pela violência. (O cardeal Le Camus, *Instrução pastoral* de 1688)

Concedei a todos a tolerância civil. (Fénelon, arcebispo de Cambrai, ao duque de Borgonha)

---

[*] Tertuliano. (N. T.)

A cobrança forçada de uma religião é uma prova evidente de que o espírito que a conduz é um espírito inimigo da verdade. (Dirois, doutor da Sorbonne, liv. VI, cap. IV)

A violência pode criar hipócritas. De maneira alguma se persuade quando por toda parte se fazem ecoar ameaças. (Tillemont, *História eclesiástica*, tomo VI)

Pareceu-nos conforme a equidade e a correta razão caminhar sobre os passos da antiga Igreja, que jamais usou de violência para estabelecer e expandir a religião. (*Advertência do parlamento de Paris a Henrique II*)

A experiência nos ensina que a violência é mais capaz de irritar do que de curar um mal que tem sua raiz no espírito etc. (De Thou, *Epístola dedicatória a Henrique IV*)

Não se inspira a fé com golpes de espada. (Cerisiers, sobre os reinados de Henrique IV e Luís XIII)

É um zelo bárbaro pretender plantar a religião nos corações, como se a persuasão pudesse ser o efeito da imposição. (Boulainvilliers, *Estado da França*)

Tal ocorre com a religião e com o amor: a obrigação nada pode, a imposição menos ainda. Não há nada mais independente do que amar e crer. (Amelot de La Houssaie, sobre as *Cartas do cardeal d'Ossat*)

Se o céu vos amou o suficiente para fazer-vos ver a verdade, ele vos concedeu uma grande graça. Mas cabe aos filhos que têm a herança do pai odiar os que não a tiveram? (*Espírito das leis*, liv. XXV, 140) *

Poderíamos fazer um livro enorme, completamente composto de semelhantes passagens. Nossas histórias, nossos discursos, nossos sermões, nossas obras sobre moral, nossos catecismos, respiram todos, ensinam todos atualmente esse dever sagrado da indulgência. Por qual fatalidade, por qual inconsequência desmentiríamos na prática uma teoria que anunciamos todos os dias? Quando nossas ações desmentem nossa moral, é porque cremos que nos há alguma vantagem em fazer o contrário daquilo que pregamos. Mas certamente não há nenhuma vantagem em perseguir àqueles que não partilham de nossas opiniões e em fazer-nos odiar por isso. Há, pois, mais uma vez, absurdidade na intolerância. Entretanto, dirão, os que têm interesse em estorvar as consciências não são absurdos. É a eles que se destina o capítulo seguinte.

---

* Montesquieu. (N. T.)

XVI. Diálogo entre um moribundo e um homem que está sadio

Um cidadão estava agonizando em uma cidade do interior. Um homem em bom estado de saúde veio insultá-lo em seus últimos momentos e lhe diz:

Miserável! Pensa como eu agora mesmo: assina este documento, confessa que cinco proposições constam num livro que nem tu e nem eu jamais lemos. Concorde agora com Lanfranc contra Bérenger, com São Tomás contra São Boaventura. Adere ao segundo concílio de Niceia contra o concílio de Frankfurt. Explica-me neste instante como estas palavras "meu Pai é maior do que eu" significam expressamente "sou tão grande quanto ele".

Diga-me como o Pai comunica tudo ao Filho, exceto a paternidade, ou jogarei teu corpo na sarjeta. Teus filhos não herdarão nada de ti, tua mulher será privada de seu dote, e tua família mendigará o pão que meus parentes não lhe darão.

O MORIBUNDO

Com dificuldade ouço o que me dizes. As ameaças que me fazes chegam confusamente a meu ouvido, perturbam minha alma, tornam minha morte terrível. Em nome de Deus, tende piedade de mim.

O BÁRBARO

A piedade! Não posso tê-la se tu não fores da minha opinião em tudo.

O MORIBUNDO

Ai! Percebe que nestes últimos momentos todos os meus sentidos estão enfraquecidos, todas as portas de meu entendimento estão fechadas, minhas ideias fogem, meu pensamento se apaga. Estaria eu em condições de discutir?

O BÁRBARO

Muito bem, se não podes crer nisto que eu quero, diga que crê, e isso me basta.

O MORIBUNDO

Como posso perjurar para te agradar? Em um momento, estarei diante de Deus, que pune o perjúrio.

O BÁRBARO

Não importa. Terás o prazer de ser enterrado em um cemitério, e tua mulher e teus filhos terão meios para viver. Morra como hipócrita. A hipocrisia é uma coisa boa. É, como se diz, uma homenagem que o vício presta à virtude. Um pouco de hipocrisia, meu amigo, o que isso custa?

O MORIBUNDO

Ai! Desprezas a Deus ou não o reconheces, pois me pedes uma mentira à beira da morte, tu que logo serás julgado por ele e responderás por essa mentira.

O BÁRBARO

Como é? Insolente! Não reconheço Deus?

O MORIBUNDO

Perdão, meu irmão, receio que tu não o reconheças. Aquele a quem adoro reanima neste momento minhas forças para dizer-te com uma voz moribunda que, se acreditas em Deus, deves ter caridade para comigo. Ele me concedeu minha esposa e meus filhos, nãos os faça morrer de miséria. Quanto ao meu corpo, faz dele o que quiseres. Abandono-o a ti. Mas crê em Deus, suplico-te.

O BÁRBARO

Faz, sem ponderar, isto que te digo. Eu quero, ordeno-te.

O MORIBUNDO

E que interesse tens em tanto me atormentar?

O BÁRBARO

Como! Que interesse? Se eu tiver a tua assinatura, ela me valerá um bom canonicato.

O MORIBUNDO

Ah, meu irmão! Eis aqui meu último momento. Morro, irei pedir a Deus que ele te toque e te converta

O BÁRBARO

Vá ao diabo o impertinente que não assinou! Vou assinar por ele e falsificar sua letra.[68]

A carta a seguir é uma confirmação da mesma moral.

XVII. Carta escrita ao jesuíta Le Tellier, por um beneficiado, em 6 de maio de 1714

Meu reverendo padre,

Obedeço às ordens que recebi de Vossa Reverência para apresentar-lhe os meios mais adequados de livrar Jesus e sua Companhia de seus inimigos. Acredito que não restem mais de quinhentos mil huguenotes no reino; alguns dizem um milhão, outros, um milhão e quinhentos mil. Mas, qualquer que seja o seu número, eis minha opinião, que submeto muito humildemente à vossa, assim como devo.

1º É fácil pegar num só dia todos os pastores protestantes e enforcá-los todos de uma vez numa mesma praça não apenas pela edificação pública, mas pela beleza do espetáculo.

2º Eu mandaria assassinar em seus leitos todos os pais e mães, pois se os matassem nas ruas isso poderia causar algum tumulto. Muitos poderiam até escapar, o que deve ser evitado acima de tudo. Essa execução é um corolário necessário de nossos princípios. Pois, se é necessário matar um herege, como tantos grandes teólogos o provam, é evidente que é necessário matá-los todos.

3º No dia seguinte eu casaria todas as filhas com bons católicos, visto que não devemos despovoar demais o Estado depois da última guerra. Mas a respeito dos meninos de quatorze e quinze anos, já imbuídos de maus princípios que não podemos nos lisonjear de destruir, minha opinião é que devemos castrar a todos, a fim de que essa escória não seja jamais reproduzida. Para os outros meninos menores, serão criados em vossos colégios, e serão açoitados até que decorem as obras de Sanchez e de Molina.

4º Penso, salvo correção, que é necessário fazer o mesmo com todos os luteranos da Alsácia, visto que, no ano de 1704, notei duas velhas daquela região que riam no dia da batalha de Hochstedt.

5º A questão dos jansenistas parecerá, talvez, um pouco mais complicada. Acredito que devam ser uns seis milhões, pelo menos. Mas um espírito tal qual o vosso não deve se assustar. Eu considero entre os jansenistas todos os parlamentos que sustentam tão indignamente as liberdades da igreja galicana. Cabe à Vossa Reverência julgar, com sua prudência habitual, os meios de submeter todos esses espíritos indesejáveis. A conspiração dos barris de pólvora não teve o sucesso desejado,* pois um dos conjurados teve a indiscrição de querer salvar a vida de seu amigo, mas, como vós não tendes amigo, o mesmo inconveniente não há de ser temido. Ser-vos-á muito fácil fazer explodir todos os parlamentos do reino com a invenção do monge Schwartz, que chamam de *pulvis pyrius*. Calculo que serão necessários, um acionando o outro, trinta e seis barris de pólvora para cada parlamento, e, deste modo, multiplicando doze parlamentos por trinta e seis barris que, a cem escudos a peça, fazem a soma de cento e vinte e nove mil e seiscentas libras, é uma bagatela para o reverendo padre-geral.

Uma vez explodidos os parlamentos, dareis seus cargos aos membros de vossa congregação, que são perfeitamente instruídos sobre as leis do reino.

6º Será fácil envenenar o cardeal de Noailles, que é um homem simples e não desconfia de nada.

Vossa Reverência empregará os mesmos meios de conversão junto a alguns bispos renitentes. Seus bispados serão postos nas mãos dos jesuítas, mediante um decreto do papa. Então, estando todos os bispos no partido da boa causa, e todos os párocos sendo habilmente escolhidos pelos bispos, eis o que aconselho à boa averiguação de Vossa Reverência.

7º Como dizem que os jansenistas comungam pelo menos na Páscoa, não seria difícil salpicar as hóstias com a droga que foi usada para fazer justiça ao imperador Henrique VII. Algum crítico poderá dizer-me que se arriscará, nesta operação, de também matar os molinistas. Essa objeção é forte, mas não existe nenhum projeto que não tenha inconvenientes, nenhum sistema que não ameace ruína por algum de seus pontos. Se nos detivéssemos por conta desses pequenos detalhes, jamais chegaríamos a nenhum objetivo. E, além disso, como se trata de alcançar o maior bem que seja possível, não se deve escandalizar caso esse grande bem traga junto de si algumas consequências ruins que não sejam de nenhuma consideração.

Não temos nada a nos reprovar. Está demonstrado que todos os pretensos reformados, todos os jansenistas, estão destinados ao

---

* Ver nota do tradutor na página 30. A conspiração foi descoberta, pois um dos conspiradores avisou um amigo católico sobre o perigo iminente de permanecer no parlamento naquele dia. De alguma forma, a informação vazou até chegar ao rei. (N. T.)

inferno. Assim, não fazemos mais do que adiantar o momento em que lá devem tomar posse.

Não é menos evidente que o paraíso pertence de direito aos molinistas. Logo, fazendo-os perecer inadvertidamente e sem nenhuma má intenção, aceleramos sua alegria. Somos em ambos os casos ministros da Providência.

Quanto àqueles que poderiam ficar um pouco assustados com o número, Vossa Paternidade poderá fazê-los perceber que, desde os dias florescentes da Igreja até 1707, quer dizer, desde em torno de quatorze séculos, a teologia causou o massacre de mais de cinquenta milhões de homens, e eu não proponho enforcar, ou degolar, ou envenenar, mais do que uns seis milhões e quinhentos mil.

Pode ser que ainda nos objetem que minha conta não está correta e que violo a regra de três: pois, dirão, se em quatorze séculos não pereceram mais que cinquenta milhões de homens por distinções, dilemas e antilemas teológicos, isso representa apenas trinta e cinco mil e setecentas e quatorze pessoas por ano, e assim eu mato seis milhões, quatrocentas e sessenta e quatro mil e duzentas e oitenta pessoas a mais na fração correspondente neste presente ano.

Porém, na verdade, essa contenda é bastante pueril. Pode-se mesmo dizer que ela é ímpia. Pois não se vê, por meu procedimento, que salvo a vida de todos os católicos até o fim do mundo? Jamais faríamos algo se quiséssemos responder a todas as críticas. Sou, com um profundo respeito a Vossa Paternidade,

O muito humilde, muito devoto e benigno R..., natural de Angoulême, prefeito da congregação.

Esse projeto não pôde ser executado porque o padre Le Tellier viu nele algumas dificuldades e porque Sua Paternidade foi exilada no ano seguinte. Contudo, como é preciso examinar os prós e os contras, é bom pesquisarmos em quais casos se poderia legitimamente seguir em parte o ponto de vista do correspondente do padre Le Tellier. Parece que seria difícil executar esse projeto em todos os pontos. Mas é preciso ver em que ocasiões deve-se aplicar o suplício da roda ou a forca, ou meter nas galés as pessoas que não concordam com nossa opinião. Este é o objetivo do artigo seguinte.

XVIII. Únicos casos em que a intolerância é de direito humano

Para que um governo não tenha o direito de punir os erros dos homens, é necessário que tais erros não sejam crimes. Só são crimes quando perturbam a sociedade. E perturbam tal sociedade a partir do momento em que inspiram fanatismo. É, então, necessário que os homens comecem por não ser fanáticos para merecerem a tolerância.

Se alguns jovens jesuítas, sabendo que a Igreja os reprovou com horror, que os jansenistas são condenados por uma bula e que, deste modo, os jansenistas são reprovados, decidem queimar uma casa dos padres do oratório porque Quesnel, teólogo dessa congregação, era jansenista, é claro que será necessário punir esses jesuítas.

Da mesma forma, se eles publicaram máximas condenáveis, se sua instituição é contrária às leis do reino, não se pode impedir de dissolver sua companhia e abolir os jesuítas para fazer deles cidadãos. O que no fundo é um mal imaginário e um bem real para eles, pois onde está o mal de vestir um hábito curto no lugar de uma batina, e de ser livre no lugar de ser escravo? Em paz se reformam regimes inteiros que não se queixam; por que os jesuítas fazem tanta gritaria quando são reformados em prol da paz?

Se os franciscanos, movidos por um santo zelo pela Virgem Maria, forem demolir a igreja dos dominicanos, que pensam que Maria nasceu no pecado original, então seremos obrigados a tratá-los mais ou menos como os jesuítas.

Dir-se-á o mesmo quanto aos luteranos e os calvinistas. Mesmo que eles digam: seguimos os movimentos de nossa consciência, mais vale obedecer a Deus do que aos homens, somos o verdadeiro rebanho, devemos exterminar os lobos. Sendo assim, fica evidente que eles próprios são os lobos.

Um dos mais espantosos exemplos de fanatismo foi uma pequena seita na Dinamarca cujo princípio era o melhor do mundo. Essas pessoas queriam a salvação eterna de seus irmãos. No entanto as consequências desse princípio eram singulares. Eles sabiam que todos os recém-nascidos que morrem sem batismo estão condenados à danação, e aqueles que têm a felicidade de morrer imediatamente após terem recebido o batismo gozam da glória eterna. Então, iam degolar todos os meninos e meninas recém-batizados que pudessem encontrar. Seria, sem dúvida, fazê-los o maior bem possível: eles seriam ao mesmo tempo poupados do pecado, das misérias desta vida e do inferno; seriam infalivelmente enviados para o céu. Porém essas pessoas piedosas não consideravam que não é permitido fazer um pequeno mal em prol de um grande bem, que eles não tinham nenhum direito sobre a vida dessas criancinhas, que a maioria dos pais e das mães são carnais o bastante para preferir terem junto de si seus filhos e filhas do que os ver degolados para irem ao paraíso e que, em uma palavra, o magistrado deve punir o homicídio ainda que seja feito com boa intenção.

Os judeus pareceriam ter mais direito entre todos de nos roubar e matar. Pois mesmo que haja cem exemplos de tolerância no *Antigo Testamento*, há, entretanto, alguns exemplos e algumas leis de rigor. Por vezes, Deus lhes ordenou matar os idólatras e não poupar senão as jovens núbeis. Os judeus nos veem como idólatras e, mesmo que nós os toleremos hoje, poderiam, se fossem eles os mestres, deixar apenas nossas filhas no mundo.

Eles estariam, sobretudo, na obrigação indispensável de assassinar todos os turcos, isso será facilmente entendido. Pois os turcos possuem o país* dos eteus, jebuseus, amorreus, jerseneus, heveus, araceus, cineus, hamateus, samaritanos, todos esses povos foram votados ao anátema. Seus países, que eram maiores do que vinte e cinco léguas de comprimento, foram cedidos aos judeus por intermédio de numerosos pactos consecutivos. Eles devem retomar o que é seu, os maometanos são os usurpadores de suas terras há mais de mil anos.

Se os judeus pensassem assim hoje, está claro que não haveria outra resposta a dar-lhes senão colocá-los nas galés.

Estes são quase os únicos casos nos quais a intolerância parece razoável.

---

* De fato, o Império Otomano ocupava toda a costa oriental do mar Mediterrâneo, o que compreende a região da Palestina; a reivindicada terra prometida dos hebreus que dela haviam sido expulsos pelos romanos. (N. T.)

xix. Relato de uma disputa de controvérsia na China

Nos primeiros anos do reinado do grande imperador Kang-hi, um mandarim da cidade de Cantão ouviu de sua casa um grande barulho que faziam na casa vizinha. Procurou saber se estavam a matar alguém. Disseram-lhe que era o capelão da companhia dinamarquesa, um capelão da Batávia e um jesuíta que discutiam. Ele fez com que viessem à sua presença, lhes serviu chá e doces e perguntou-lhes por que discutiam.

O jesuíta lhe respondeu que era muito penoso para ele, que sempre tinha razão, ter de lidar com pessoas que sempre estavam equivocadas, que inicialmente ele havia argumentado com a maior calma, mas que enfim perdera a paciência.

O mandarim os fez perceber, com toda a discrição possível, o quanto a polidez é necessária na discussão, disse-lhes que na China jamais se irritavam e perguntou-lhes do que se tratava.

O jesuíta lhe respondeu: "Excelência, faço-te juiz do caso. Esses dois senhores se recusam a submeter-se às decisões do concílio de Trento."

"Isso me espanta", disse o mandarim. Em seguida, voltando-se para os dois refratários: "Parece-me, senhores, que deveríeis respeitar as opiniões de uma grande assembleia. Não sei o que seria o concílio de Trento, mas várias pessoas são sempre mais instruídas que uma só. Ninguém deve crer que sabe mais do que os outros e que a razão habita apenas sua própria cabeça. É isso o que ensina nosso grande Confúcio. E se acreditais em mim, fareis muito em acatar ao concílio de Trento."

O dinamarquês tomou então a palavra e disse: "Excelência fala com a mais alta sabedoria. Nós respeitamos as grandes assembleias assim como devemos. Assim estamos inteiramente de acordo com diversas assembleias que ocorreram antes da de Trento".

"Oh! Se é assim", disse o mandarim, "peço-vos perdão, poderíeis muito bem ter razão. Sois, então, da mesma opinião, esse holandês e tu, contra esse pobre jesuíta?"

"Em absoluto", disse o holandês, "este homem aqui tem opiniões quase tão extravagantes quanto aquelas deste jesuíta, que aqui age com brandura convosco. Não há meios de estar com a opinião deles".

"Não vos compreendo", disse o mandarim. "Vocês três não são todos cristãos? Não vêm os três ensinar o cristianismo em nosso império? E, consequentemente, não devem ter os mesmos dogmas?"

"Vê, Excelência", disse o jesuíta, "essas duas pessoas aí são inimigos mortais, e ambos disputam contra mim. É, pois, evidente que ambos estão errados e que a razão não está senão do meu lado".

"Isso não é tão evidente", disse o mandarim. "Poderia muito bem acontecer que estivésseis todos os três errados. Eu teria curiosidade de vos ouvir um após o outro."

O jesuíta pronunciou então um discurso demasiado longo, durante o qual o dinamarquês e o holandês balançavam os ombros. O mandarim não compreendeu nada de tal discurso. O dinamarquês falou na sua vez. Seus dois adversários o olharam com piedade, e o mandarim tampouco o compreendeu. O holandês teve a mesma sorte. Por fim, falaram os três ao mesmo tempo, insultaram-se com pesadas injúrias. O honesto mandarim teve muita dificuldade para acalmá-los e disse: "Se vós quiserdes que toleremos aqui vossa doutrina, começai por não serdes nem intolerantes nem intoleráveis".

Ao sair da audiência, o jesuíta encontrou um missionário jacobino dominicano. Contou-lhe que havia ganhado sua causa, assegurando-lhe que a verdade sempre triunfava. O dominicano lhe respondeu: "Se eu estivesse lá, tu não terias ganhado. Ter-te-ia convencido de mentira e idolatria". A querela se esquentou. O dominicano e o jesuíta se agarraram pelos cabelos. O mandarim, informado sobre o escândalo, enviou os dois para a prisão. Um submandarim disse ao juiz: "Por quanto tempo vossa excelência deseja que eles fiquem presos"? "Até que eles entrem em acordo", disse o juiz. "Ah!", disse o submandarim, "então eles permanecerão na prisão pelo resto de suas vidas". "Pois bem!", disse o juiz, "até que eles se perdoem". "Eles não se perdoarão jamais", respondeu o outro, "eu os conheço". "Pois bem, então!", disse o primeiro mandarim, "até que eles façam parecer que se perdoaram".

xx. Se é útil manter o povo na superstição

Tal é a fraqueza do gênero humano, e tal é sua perversidade que, sem dúvida, mais lhe vale ser subjugado por todas as superstições possíveis, uma vez que não sejam mortíferas, do que viver sem religião. O homem sempre teve necessidade de um freio e, por mais que fosse ridículo realizar sacrifícios aos faunos, aos silvanus, às náiades, era muito mais razoável e útil adorar essas imagens fantásticas da Divindade do que se entregar ao ateísmo. Um ateu que fosse cheio de raciocínios, violento e poderoso, seria um flagelo tão funesto quanto um supersticioso sanguinário.

Quando os homens não têm noções sãs sobre a Divindade, as ideias falsas as substituem, assim como nos tempos penosos trafica-se com moeda ruim quando não se tem a boa. O pagão temia cometer um crime por medo de ser punido pelos falsos deuses. O malabar teme ser punido por seu pagode. Por toda parte em que haja uma sociedade estabelecida, uma religião é necessária. As leis velam sobre os crimes que vêm a público, e a religião, sobre os crimes secretos.

No entanto, uma vez que os homens chegaram a abraçar uma religião pura e santa, a superstição se torna não apenas inútil, mas muito perigosa. Não se deve procurar alimentar com bolotas aqueles que Deus se digna alimentar com pão.

A superstição está para a religião como a astrologia para a astronomia, a filha deveras louca de uma mãe deveras sábia. Essas duas filhas subjugaram por muito tempo toda a Terra.

Quando, em nossos séculos de barbárie, havia quando muito dois senhores feudais que tivessem acesso a um *Novo Testamento*, podia ser perdoável apresentar fábulas aos vulgos, quer dizer, a esses senhores feudais, às suas esposas imbecis e aos brutos, seus vassalos. Faziam com que acreditassem que São Cristóvão levara o menino Jesus de uma margem do rio à outra. Os alimentavam com histórias de feiticeiros e possuídos. Eles imaginavam, com facilidade, que São Genou curava a gota e que Santa Clara curava olhos enfermos. As crianças acreditavam no lobisomem, e os adultos, no cordão de São Francisco. O número de relíquias era incalculável.

A ferrugem de tantas superstições subsistiu por algum tempo ainda entre os povos, mesmo depois de a religião ter sido finalmente depurada. Sabe-se que quando o senhor Noailles, bispo de Châlons, mandou retirar e lançar no fogo a suposta relíquia do santo umbigo de Jesus Cristo, toda a cidade de Châlons moveu-lhe um processo. No entanto ele teve tanto a coragem quanto a piedade, e logo conseguiu fazer com que os cidadãos se convencessem de que era possível adorar Jesus Cristo em espírito e verdade sem ter seu umbigo dentro de uma igreja.

Aqueles que eram chamados de jansenistas muito contribuíram para desenraizar insensivelmente no espírito da nação a maioria das falsas ideias que desonravam a religião cristã. Deixou-se de acreditar que bastava recitar a oração dos trinta dias à Virgem Maria para obter-se tudo quanto se quisesse e poder pecar impunemente.

Enfim a burguesia começou a suspeitar que não era Santa Genoveva que fornecia ou interrompia a chuva, mas que era o próprio Deus quem dispunha dos elementos. Os monges ficaram espantados de que seus santos não produzissem mais milagres. E se os escritores da *Vida de São Francisco Xavier* retornassem ao mundo, não ousariam escrever que esse santo ressuscitou nove mortos, que esteve ao mesmo tempo sobre o mar e sobre a terra, e que seu crucifixo, tendo caído dentro do mar, foi restituído por um caranguejo que o trouxe de volta.

Ocorreu o mesmo com as excomunhões. Nossos historiadores nos dizem que quando o rei Roberto foi excomungado pelo papa Gregório v, por ter se casado com a princesa Berta, sua comadre, seus criados jogavam pelas janelas as carnes que haviam sido servidas ao rei. E que a rainha Berta deu à luz um ganso, em punição desse casamento incestuoso. Duvida-se hoje que os mordomos de um rei da França excomungado atirassem seu jantar pela janela e que a rainha pôs no mundo um pequeno ganso em semelhante caso.

Se há alguns convulsionários em alguma esquina de subúrbio, trata-se de uma pediculose que só afeta a mais vil populaça. A cada dia a razão penetra na França, nas lojas dos comerciantes, bem como nas mansões dos senhores. É, pois, preciso cultivar os frutos dessa razão, tanto mais por ser impossível impedi-los de eclodir. Não se pode governar a França após ela ter sido esclarecida pelos Pascal, os Nicole, os Arnauld, os Bossuet, os Descartes, os Gassendi, os Bayle, os Fontonelle, etc., como a governavam no tempo dos Garasse e dos Menot.

Se os mestres de erros, refiro-me aos grandes mestres, por demasiado tempo pagos e honrados por embrutecer a espécie humana, ordenassem nos dias de hoje que o grão deve apodrecer para germinar, que a terra está imóvel sobre seus fundamentos, que ela não gira ao redor do Sol, que as marés não são o efeito natural da gravitação, que o arco-íris não é formado pela refração e reflexão dos raios de luz etc., e se eles se baseassem em passagens mal compreendidas da *Sagrada Escritura* para fundamentar suas ordens, como seriam vistos por todos os homens instruídos? O termo *animais* seria excessivamente forte? E se tais mestres se servissem da força e da perseguição a fim de fazer reinar sua ignorância insolente, o termo *feras selvagens* seria descabido?

Quanto mais as superstições dos monges são desprezadas, mais os bispos são respeitados e os padres considerados; eles fazem apenas o bem, ao passo que as superstições monacais ultramontanas fazem muito mal. No entanto, de todas as superstições, a mais perigosa não é a de odiar seu próximo por conta de suas opiniões? E não é evidente que seria ainda mais razoável adorar o santo umbigo, o santo prepúcio, o leite e o manto da Virgem Maria do que detestar e perseguir seu irmão?

XXI. Mais vale a virtude do que a ciência

Quanto menos dogmas, menos disputas. E quanto menos disputas, menos infelicidades. Se isso não for verdade, então estou errado. A religião é instituída para nos tornar felizes nesta vida e na próxima. O que é necessário para ser feliz na vida do porvir? Ser justo. Para ser feliz nesta aqui, o tanto que permite a miséria de nossa natureza, o que é necessário? Ser indulgente.

Seria o cúmulo da loucura pretender fazer com que todos os homens pensassem de maneira uniforme sobre a metafísica. Poder-se-ia, muito mais facilmente, subjugar todo o universo pelas armas do que subjugar todos os espíritos de uma única cidade.

Euclides conseguiu facilmente persuadir todos os homens sobre as verdades da geometria. Por quê? Porque não há uma única que não seja um corolário evidente deste pequeno axioma: *dois e dois são quatro*. O mesmo não se dá na mistura da metafísica e da teologia.

Quando o bispo Alexandre e o padre Arios, ou Arius, começaram a discutir sobre a maneira pela qual o *Logos* seria uma emanação do Pai, o imperador Constantino lhes escreveu estas palavras vindas de Eusébio e Sócrates: "Sois grandes tolos em discutir sobre coisas que não podeis entender".

Se as duas partes tivessem sido sábias o suficiente para admitir que o imperador tinha razão, o mundo cristão não teria sido ensanguentado durante trezentos anos.

Com efeito, o que há de mais insensato e mais horrível do que dizer aos homens: "Meus amigos, não é o bastante sermos súditos fiéis, filhos submissos, pais carinhosos, vizinhos equitativos, praticar todas as virtudes, cultivar a amizade, evitar a ingratidão, adorar Jesus Cristo em paz. Ainda é necessário que saibas como fomos engendrados por toda a eternidade. E se não souberdes distinguir o *omousion* na hipóstase, informamos que haveis de queimar por toda a eternidade. E por isso esperando, começaremos por vos degolar"?

Se tivessem apresentado tal decisão a um Arquimedes, a um Posidônio, a um Varrão, a um Catão, a um Cícero, o que teriam eles respondido?

Constantino não perseverou em sua resolução de impor silêncio aos dois partidos. Ele poderia fazer vir ao seu palácio os chefes do ergotismo. Podia perguntar-lhes por qual autoridade eles perturbavam o mundo. "Possuís os títulos da família divina? Que vos importa se o *Logos* é produzido ou engendrado, contanto que lhe sejamos fiéis, contanto que se pregue uma boa moral, e que a pratiquemos se pudermos? Cometi muitas faltas em minha vida, e vós também. Sois ambiciosos, e eu também. O império me custou maldades e crueldades. Assassinei quase todos os meus próximos, arrependi-me disso. Quero expiar meus crimes tornando o Império Romano tranquilo. Não me impeçais de fazer o único bem que possa apagar minhas antigas barbáries. Ajudai-me a terminar meus dias em paz." Talvez ele não ganhasse nada dos adversários, talvez fosse lisonjeado a presidir um concílio com a longa túnica vermelha e a cabeça cheia de pedrarias.

Eis aí, entretanto, o que abriu a porta a todos os flagelos que vieram da Ásia inundar o Ocidente. De cada versículo contestado surgiu uma fúria armada de um sofisma e de um punhal, que tornou todos os homens insensatos e cruéis. Os hunos, os hérulos, os godos, os vândalos que vieram em seguida, fizeram infinitamente menos mal, e o maior que fizeram foi de prestarem-se, enfim, eles próprios a essas disputas fatais.

XXII. Da tolerância universal

Não é necessária uma grande técnica, uma eloquência bem estudada para provar que os cristãos devem tolerar-se uns aos outros. Eu vou mais longe: digo-vos que é preciso ver todos os homens como nossos irmãos. O quê! Meu irmão, o turco? Meu irmão, o chinês, o judeu, o siamês? Sim, certamente. Nós não somos todos filhos do mesmo pai e criaturas do mesmo Deus?

Mas esses povos nos desprezam, eles nos consideram como idólatras! Pois bem! Dir-lhes-ei que cometem grande erro. Parece-me que poderia surpreender, ao menos, a orgulhosa obstinação de um imã ou de um monge budista,* caso lhes falasse mais ou menos assim:

"Este pequeno globo, que não é mais do que um ponto, gira no espaço da mesma forma que vários outros globos. Estamos perdidos nessa imensidão. O homem, com aproximadamente a altura de um metro e sessenta, é certamente pouca coisa na criação. Um desses seres imperceptíveis diz a alguns de seus vizinhos, na Arábia ou na Cafraria: 'Escutai-me, pois o Deus de todos esses mundos me iluminou; existem novecentos milhões de pequenas formigas como nós sobre a Terra, mas apenas o meu formigueiro é caro a Deus. Todos os outros lhe fazem horror por toda a eternidade. Apenas meu formigueiro será feliz, e todos os outros serão eternamente desafortunados'."

Eles me interromperiam, então, e me perguntariam quem é o louco que disse tal despropósito. Eu seria obrigado a responder-lhes: "Sois vós mesmos". Em seguida, eu tentaria acalmá-los, mas isso seria bem difícil.

Eu falaria agora aos cristãos e ousaria dizer, por exemplo, a um dominicano inquisidor em nome da fé: "Meu irmão, saibas que cada província da Itália tem seu próprio linguajar e que não se fala em Veneza e em Bérgamo como em Florença. A Academia da Crusca fixou a língua; seu dicionário é uma regra que não se deve ignorar, e a *Gramática* de Buonmattei é um guia infalível que deve ser seguido. Mas acreditas que o cônsul da Academia e, em sua ausência, Buonmattei poderiam em sã consciência mandar cortar a língua de todos os venezianos e bergameses que persistissem em seu dialeto"?

---

* No original: *Talapoin*. (N. T.)

O inquisidor me responde: "Mas há muita diferença. Aqui se trata da salvação de tua alma: é pelo teu bem que o diretório da Inquisição ordena que te prendam a partir do depoimento de uma única pessoa, seja ela infame e condenada pela justiça, que não tenhas advogado para defender-te, que sequer o nome de teu acusador te seja conhecido, que o inquisidor te prometa graça e em seguida te condene, que te submeta a cinco torturas diferentes e em seguida sejas açoitado, ou mandado para as galés, ou queimado em cerimônia.[69] O padre Ivonet, o doutor Cuchalon, Zanchinus, Campegius, Roias, Felynus, Gomarus, Diabarus, Gemelinus são claros nesse ponto e essa piedosa prática não pode sofrer contradição".

Eu tomaria a liberdade de lhe responder: "Meu irmão, talvez tenhas razão. Estou convencido do bem que desejas fazer-me. Mas eu não poderia ser salvo sem tudo isso?".

É verdade que tais horrores absurdos não sujam todos os dias a face da Terra. Mas eles foram frequentes, e com eles produziríamos facilmente um volume muito mais grosso do que os evangelhos que os reprovam. Não é apenas muito cruel perseguir, nesta curta vida, aqueles que não pensam como nós, como suspeito ser bem ousado pronunciar sua danação eterna. Parece-me que não pertence a átomos de um momento, tal como somos, promulgar, assim, as sentenças do Criador. Estou muito longe de combater esta sentença: "Fora da Igreja não há salvação". Respeito-a, assim como tudo o que ela ensina, mas, em verdade, acaso conhecemos todos os caminhos de Deus e a extensão de suas misericórdias? Não é permitido ter nele esperança na mesma medida que temor? Não é suficiente sermos fiéis à Igreja? Será necessário que cada particular usurpe os direitos da Divindade e decida, antes dela, sobre a sorte eterna de todos os homens?

Quando carregamos luto por um rei da Suécia, ou da Dinamarca, ou da Inglaterra, ou da Prússia, dizemos que estamos de luto por um desaprovado que queima eternamente no inferno?* Há na Europa 40 milhões de habitantes que não pertencem à Igreja de Roma, diremos a cada um deles: "Senhor, esperado que tu és, infalivelmente, condenado à danação, não quero nem comer, nem negociar e nem conversar contigo?".

---

* Todos esses países citados já não prestavam culto à Igreja Católica Apostólica Romana. A Inglaterra adotara a igreja anglicana ao passo que os outros países seguiam as linhas protestantes do cristianismo. (N. T.)

Qual embaixador da França que, tendo sido apresentado à audiência do Grande Senhor, dir-se-á no fundo de seu coração: "Sua Alteza queimará infalivelmente durante toda a eternidade, pois está submetida à circuncisão"? Se ele crê realmente que o Grande Senhor é o inimigo mortal de Deus, e objeto de sua vingança, poderia falar com este? Deveria ser enviado até ele? Com qual homem poderíamos negociar, qual dever da vida civil poderíamos chegar a completar se, com efeito, estivéssemos convencidos dessa ideia de que conversamos com desaprovados?

Ó seguidores de um Deus clemente! Se tivésseis um coração cruel, se, adorando aquele a quem toda lei consistia nas palavras "amai a Deus e a vosso próximo", tivésseis sobrecarregado tal lei pura e santa de sofismas e disputas incompreensíveis, se tivésseis animado a discórdia, ora por uma palavra nova e ora por uma única letra do alfabeto, se tivésseis considerado a omissão de algumas palavras digna de punições eternas, bem como a omissão de algumas cerimônias que outros povos não podiam conhecer, então dir-vos-ia, propagando lágrimas sobre o gênero humano: "Transportai-vos, juntamente a mim, ao dia no qual todos os homens serão julgados, e no qual Deus restituirá a cada um segundo suas obras".

"Vejo todos os mortos dos séculos passados e do nosso comparecerem em sua presença. Estais realmente certos que nosso Criador e nosso Pai dirá ao sábio e virtuoso Confúcio, ao legislador Sólon, a Pitágoras, a Zaleuco, a Sócrates, a Platão, aos divinos Antoninos, ao bom Trajano, a Tito, aos deleites do gênero humano, a Epiteto, a tantos outros homens, modelos de homens: 'Ide, monstros, ide sofrer castigos infinitos em intensidade e duração, que vosso suplício seja eterno como eu! E vós, meus bem amados, Jean Châtel, Ravaillac, Damiens, Cartouche,* etc., que morrestes com as fórmulas prescritas, partilhai para sempre à minha direita meu império e minha felicidade'."

Recuais de horror diante dessas palavras e, depois que elas me escaparam, não tenho mais nada a vos dizer.

---

* Os três primeiros se tratam de notórios regicidas que viveram, respectivamente, nos séculos XVI, XVII e XVIII. Apenas Ravaillac teve sucesso em seu intento e assassinou o rei Henrique IV da França. Os três foram torturados e executados por seus crimes. Cartouche foi um salteador do início do século XVIII, assim como os outros três, morreu executado. Vale comentar que Cartouche sofreu o suplício da roda, a mesma execução pavorosa a qual Jean Calas foi submetido. (N. T.)

XXIII. Oração a Deus

Não é mais aos homens que me dirijo, é a ti, Deus de todos os seres, de todos os mundos e de todos os tempos. Se é permitido a fracas criaturas perdidas na imensidão e imperceptíveis ao resto do universo ousar pedir-te alguma coisa, a ti que a tudo criaste, a ti cujos decretos são tão imutáveis quanto eternos, digna-te olhar com piedade os erros ligados a nossa natureza. Que tais erros não se tornem nossas calamidades. De modo algum tu nos deste um coração para odiarmo-nos uns aos outros e mãos para degolarmo-nos. Faz com que nos ajudemos, mutuamente, a suportarmos o fardo de uma vida penosa e passageira. Faz com que as pequenas diferenças entre as vestes que cobrem nossos débeis corpos, entre todas as nossas linguagens insuficientes, entre todos os nossos costumes ridículos, entre todas as nossas leis imperfeitas, entre todas as nossas opiniões insensatas, entre todas as nossas condições tão desproporcionais a nossos olhos e tão iguais diante de ti, que todas essas pequenas nuances que distinguem os átomos chamados *homens* não sejam sinais de ódio e perseguição; que aqueles que acendem círios em pleno meio-dia para te celebrar suportem aqueles que se contentam com a luz de teu sol; que aqueles que cobrem suas vestimentas de linho branco para dizer que precisamos te amar não detestem aqueles que dizem a mesma coisa sob um manto de lã negra; que seja igual adorar-te em um jargão feito de uma antiga língua, ou num jargão mais novo; que aqueles cuja roupa é tingida de vermelho ou de violeta, que dominam sobre uma pequena parcela de um montículo de terra deste mundo e que possuem alguns fragmentos redondos de certo metal aproveitem sem orgulho isso que chamam de grandeza e riqueza, e que os outros os vejam sem inveja, pois tu sabes que não há nessas vaidades nem o que invejar nem do que se orgulhar.

Possam todos os homens se lembrar de que são irmãos! Que eles tenham horror da tirania exercida sobre as almas, tal como execram a pilhagem que rouba através da força o fruto do trabalho e da indústria pacífica! Se os flagelos da guerra são inevitáveis, não nos odiemos, não nos dilaceremos uns aos outros no seio da paz, e empreguemos o instante de nossa existência a abençoar igualmente em mil línguas diversas, do Sião à Califórnia, tua bondade que nos deu esse instante.

XXIV. Pós-escrito

Enquanto trabalhávamos nesta obra, no único desígnio de tornar os homens mais compassivos e doces, outro homem escrevia num desígnio completamente oposto; pois cada um tem sua opinião. Esse homem mandava imprimir um pequeno código de perseguição, intitulado *A concordância da religião e da humanidade* (é uma falha do impressor: leia-se *da inumanidade*).

O autor desse santo libelo apoia-se em Santo Agostinho, que, após ter pregado a doçura, terminou por pregar a perseguição, visto que ele era então o mais forte e que mudava constantemente de opinião. Ele também cita o bispo de Meaux, Bossuet, que perseguiu o célebre Fénelon, arcebispo de Cambrai, culpado por ter publicado que Deus merece ser amado por si mesmo.

Bossuet era eloquente, assumo. O bispo de Hipona, algumas vezes inconsequente, era mais diserto do que os outros africanos, assumo mais uma vez. Mas tomarei a liberdade de dizer ao autor desse santo libelo, junto de Armando em *As sabichonas:*[*]

> Quando por alguém pretendemos nos pautar,
> É pelo lado bom que convém se assemelhar.
>
> (Ato I, cena 1.) [**]

Direi ao bispo de Hipona: "Eminência, mudaste de ponto de vista. Permita-me permanecer com sua primeira opinião; em verdade, considero-a melhor".

Direi ao bispo de Meaux: "Eminência, és um grande homem. Considero-te, pelo menos, tão sábio quanto Santo Agostinho, e muito mais eloquente. Mas por que tanto atormentar teu confrade, que era tão eloquente quanto a ti em outro gênero e era mais amável?"

O autor desse santo libelo sobre inumanidade não é nem um Bossuet nem um Agostinho. Ele me parece mais com um excelente inquisidor. Gostaria que estivesse em Goa encabeçando esse belo tribunal. Ele é, além disso, homem de Estado e ostenta grandes

---

[*] No original: *Les Femmes savantes* de Molière. (N. T.)

[**] No original: *Quand sur une personne on prétend se régler, c'est par les beaux côtés qu'il lui faut rassembler.* (N. T.)

princípios políticos. "Se há entre vós", diz ele, "muitos heterodoxos, poupai-os, persuadi-os. Se não há mais que um pequeno número deles, empregai a força e as galés, e vós vos encontrareis corretamente". É isso que ele aconselha nas páginas 89 e 90.

Graças a Deus sou bom católico, de modo algum preciso temer o que os huguenotes chamam de *martírio*. Mas se esse homem algum dia for primeiro ministro, como ele parece se lisonjear em seu libelo, advirto que parto para a Inglaterra no dia em que tiver suas cartas patentes.

Enquanto isso, não posso senão agradecer a Providência pelo fato de que as pessoas da espécie desse autor sejam sempre maus pensadores. Ele chega a citar Bayle entre os partidários da intolerância: isso é coerente e hábil. Pelo fato de Bayle concordar que é necessário punir os agitadores e os malandros, nosso homem conclui disso que é necessário perseguir a fogo e sangue as pessoas de boa-fé que são pacíficas.

Quase todo seu livro é uma imitação da *Apologia da Noite de São Bartolomeu*. É esse mesmo apologista e seu eco. Em um e noutro caso, é preciso esperar que nem o mestre, nem o discípulo nunca governem o Estado.

Mas, se chegar a acontecer de eles se tornarem o seu mestre, eu os apresento de longe esta petição, com relação a duas linhas da página 93 do santo libelo:

"É necessário sacrificar à felicidade da vigésima parte da nação a felicidade da nação toda?"

Supondo que, com efeito, haja vinte católicos romanos na França contra um huguenote, não pretendo que o huguenote coma os vinte católicos. Mas, da mesma forma, por que esses vinte católicos comeriam o huguenote, e por que impedir tal huguenote de se casar? Não existem bispos, abades, monges que possuem terras no Daufiné, no Gévaudan, nas redondezas de Agde e de Carcassone? Esses bispos, abades, monges não possuem agricultores que têm a infelicidade de não crer na transubstanciação? Não é do interesse de bispos, abades, monges e do público que esses agricultores possuam famílias numerosas? E vai ocorrer que só aos que comungarem sob uma única forma será permitido terem filhos? Em verdade, isso não é nem justo e nem honesto.

"A revogação do edito de Nantes não produziu, em absoluto, tantos inconvenientes quanto lhe atribuem", diz o autor.

Se, com efeito, se costuma atribuir-lhe mais do que produziu, exagera-se, e o erro de quase todos os historiadores é exagerar, ainda assim, é tão errado quanto o fato de todos os controversistas reduzirem a nada o mau que lhes reprovam. Não creiamos nem nos doutores de Paris, nem nos pregadores de Amsterdã.

Tomemos como juiz o senhor conde de Avaux, embaixador na Holanda de 1685 até 1688. Ele afirma, na página 181, tomo v 159, que um único homem havia se oferecido para descobrir mais de vinte milhões que os perseguidores faziam sair da França. Luís xiv responde ao senhor de Avaux: "As informações que recebo todos os dias de um número infinito de conversões não me deixam mais duvidar de que os mais obstinados seguirão o exemplo dos outros".

Vemos, através dessa carta de Luís xiv, que ele acreditava perfeitamente na extensão de seu poder. Diziam-lhe todas as manhãs: "Majestade, sois o maior rei do universo; todo o universo se vangloriará de pensar como vós assim que tiverdes dito". Pellisson, que havia enriquecido no posto de superintendente das finanças; Pellisson, que estivera três anos na Bastilha como cúmplice de Fouquet;* Pellisson, que de calvinista tornara-se diácono e beneficiário, que publicava preces para a missa e poemas galantes,** que havia obtido o posto de ecônomo e de convertedor; Pellisson, afirmei, trazia a cada três meses uma grande lista de abjurações a sete ou oito escudos cada, e fazia seu rei crer que, quando quisesse, converteria todos os turcos ao mesmo preço. Revezavam-se para enganá-lo. Podia o rei resistir à sedução?

Entretanto, o mesmo conde de Avaux informa ao rei que um sujeito chamado Vincent mantém mais de quinhentos operários nas redondezas de Angoulême e que sua saída causará prejuízos: tomo v, página 194.

O mesmo conde de Avaux fala de dois regimentos que o príncipe de Orange já mandara os oficiais franceses refugiados recrutarem. Ele fala sobre marinheiros que desertaram de três navios para servirem nos navios do príncipe de Orange. Além desses dois regimentos, o príncipe de Orange formou, ainda, uma companhia de cadetes

---

* Nicolas Fouquet. Foi um nobre francês que viveu no século xvii, durante o reinado de Luís xiv. Sua grande riqueza e seu estilo de vida ostensivo teriam inspirado desafetos do rei, que ordenou sua prisão sob a alegação de conspiração contra a coroa. Fouquet morreria no cárcere. (N. T.)

** No original: *des bouquets à Iris*. (N. T.)

refugiados, comandados por dois capitães; página 240. Esse embaixador escreve ainda, em 9 de maio de 1686, ao sr. de Seignelai, que "não pode dissimular o pesar que sente por ver as manufaturas da França se estabelecerem na Holanda, de onde jamais sairão".

Acrescentai a todos esses testemunhos aqueles de todos os intendentes do reino em 1699 e julgai se a revogação do edito de Nantes não produziu mais males do que bem, malgrado a opinião do respeitado autor de *A concordância da religião e da inumanidade*.*

Um marechal da França, conhecido por seu espírito superior, dizia há alguns anos: "Não sei se a dragonada** foi necessária, mas é necessário nunca mais repeti-la."

Confesso que acreditei ir um pouco longe demais, quando tornei pública a carta do correspondente do padre Le Tellier, na qual esse congressista propõe os barris de pólvora.*** Dizia a mim mesmo: "Não acreditarão em mim, considerarão esta carta como uma peça forjada". Meus escrúpulos felizmente foram dissipados quando li em *A concordância da religião e da inumanidade*, na página 149, estas doces palavras:

"A extinção total dos protestantes na França não enfraqueceria mais o país do que uma sangria enfraquece um doente bem constituído".

Esse cristão compassivo, que disse logo a seguir que os protestantes compõem a vigésima parte da nação, quer, então, que se espalhe o sangue dessa vigésima parte, e vê tal operação apenas como uma mera sangria! Deus nos preserve junto dele dos três vigésimos!

Se, então, esse honesto homem propõe matar a vigésima parte da nação, por que o amigo do padre Le Tellier não teria proposto mandar pelos ares, degolar e envenenar o terço? É, pois, muito verossímil que a carta endereçada ao padre Le Tellier tenha sido realmente escrita.

Por fim, o santo autor termina por concluir que a intolerância é algo excelente, "pois ela nunca foi", diz ele, "condenada expressamente por Jesus Cristo". Mas Jesus Cristo também nunca condenou

---

* Voltaire altera de modo deliberado e irônico o título original dessa obra. (N. T.)
** Perseguição aos protestantes promovida por Luís xiv. O nome vem dos regimentos de cavalaria empregados para a perseguição, os dragões. (N. T.)
*** Capítulo xvii deste livro. (N. T.)

aqueles que colocariam fogo nos quatro cantos de Paris. Seria essa uma razão para canonizar os incendiários?

Assim, pois, quando a natureza faz ouvir, por um lado, sua voz doce e benfeitora, o fanatismo, esse inimigo da natureza, dá seus berros. E, enquanto a paz se apresenta aos homens, a intolerância forja suas armas. Ó vós, árbitro das nações, que deste a paz à Europa, decide entre o espírito pacífico e o espírito assassino!

xxv. Continuação e conclusão

Soubemos que em 7 de março de 1763, diante de todo o conselho de Estado reunido em Versalhes, dos ministros de Estado e do chanceler, o sr. de Crosne, promotor de justiça, reapresentou o caso dos Calas com a imparcialidade de um juiz, a exatidão de um homem perfeitamente instruído, a eloquência simples e verdadeira de um orador de Estado; a única que convém em tal assembleia. Uma enorme multidão de pessoas de todas as classes aguardava na galeria do castelo a decisão do conselho. Logo anunciaram ao rei que todas as vozes, sem exceção, haviam ordenado que o parlamento de Toulouse enviasse ao conselho as peças do processo e os motivos de sua sentença que fizera Jean Calas expirar sobre a roda. Sua Majestade aprovou o julgamento do conselho.

Há, pois, humanidade e justiça entre os homens e, principalmente, entre o conselho de um rei amado e digno de o ser. O caso de uma infeliz família de cidadãos obscuros ocupou Sua Majestade, seus ministros, o chanceler e todo o conselho, e foi discutido com um exame tão minucioso quanto os maiores temas da guerra e da paz podem ser. O amor, a equidade, o interesse do gênero humano conduziram todos os juízes. Graças sejam dadas a este Deus de clemência, o único que inspira a equidade e todas as virtudes!

Atestamos que jamais conhecemos nem esse infortunado Calas, que os oito juízes de Toulouse fizeram perecer sob os indícios mais fracos e contra as ordens de nossos reis e as leis de todas as nações; nem seu filho Marc-Antoine, cuja morte estranha lançou esses oito juízes no erro. Tampouco conhecemos a mãe, tão respeitável quanto infeliz, nem suas inocentes filhas, que com ela vieram duma distância de duzentas léguas para depor seu desastre e sua virtude aos pés do trono.

Esse Deus sabe que não fomos animados senão por um espírito de justiça, de verdade e de paz, quando escrevemos isto que pensamos sobre a tolerância, à ocasião de Jean Calas, a quem o espírito de intolerância fez morrer.

Não acreditamos ofender os oito juízes de Toulouse ao dizer que se enganaram, da mesma forma que todo o conselho o presumiu. Pelo contrário, abrimos-lhes um caminho para se justificarem diante da Europa inteira. Esse caminho consiste em confessar que indícios equívocos e os gritos de uma multidão insensata suprimiram sua justiça, em pedir perdão à viúva e reparar, na medida em que lhes for possível, a ruína completa de uma família inocente, juntando-se àqueles que já os socorrem em sua aflição. Os juízes fizeram o pai morrer injustamente: cabe a eles manter o lugar de pai às crianças, supondo que esses órfãos realmente queiram deles receber uma fraca demonstração de um justo arrependimento. Será belo da parte dos juízes a oferecer, e da família, a recusar.

Compete, sobretudo, ao senhor David, chefe magistrado* de Toulouse, se ele foi o primeiro perseguidor do inocente, dar o exemplo dos remorsos. Ele insultou um pai de família morrendo sobre o cadafalso. Essa crueldade é bastante assombrosa. Mas, já que Deus perdoa, também os homens devem perdoar aquele que repara suas injustiças.

Escreveram-me do Languedoque esta carta de 20 de fevereiro de 1763.

"(...) Vossa obra sobre a tolerância me parece cheia de humanidade e verdade. Mas receio que ela faça mais mal do que bem à família dos Calas. Ela pode irritar os oito juízes que opinaram em prol da roda. Eles pedirão ao parlamento para que queimem vosso livro, e os fanáticos (pois sempre os há) responderão com gritos de furor no lugar da voz da razão etc."

Eis minha resposta:

"Os oito juízes de Toulouse podem fazer com que queimem meu livro, se ele é bom; não há nada mais cômodo. Da mesma forma queimaram as *Cartas Provinciais* que, sem dúvida, valiam muito mais. Cada um pode queimar em sua casa os livros e papeis que o desagradam.

Minha obra não pode fazer nem bem, nem mal aos Calas, os quais não conheço. O conselho do rei, imparcial e firme, julga seguindo as leis, a equidade, as peças e os procedimentos do processo, e não sobre um escrito que não é, de modo algum, jurídico, e cujo fundo é absolutamente estranho ao caso julgado.

---

* No original: *capitoul*. (N. T.)

Poder-se-ia, muito bem, imprimir *infólios* a favor ou contra os oito juízes de Toulouse, e a favor e contra a tolerância. Nem conselho nem tribunal algum irão ver tais livros como partes do processo. Este escrito sobre a tolerância é um pedido que a humanidade apresenta, muito humildemente, ao poder e à prudência. Eu lanço uma semente que poderá, um dia, produzir uma colheita. Esperemos tudo do tempo, da bondade do rei, da sabedoria de seus ministros e do espírito racional que começa a espalhar por toda parte a sua luz.

A natureza diz a todos os homens: "fiz-vos a todos nascerem fracos e ignorantes, para definharem alguns minutos sobre a terra e para engordá-la com vossos cadáveres. Uma vez que sois fracos, socorrei-vos. Já que sois ignorantes, instruí-vos e suportai-vos. Caso fossem todos da mesma opinião, o que certamente jamais sucederá, caso não restasse mais que um único homem com uma opinião divergente, deveríeis perdoá-lo. Pois sou eu quem o faz pensar conforme pensa. Dei-vos braços para cultivar a terra, e uma pequena centelha de razão para conduzir-vos. Coloquei em vossos corações um germe de compaixão para ajudar-vos uns aos outros a suportar a vida. Não sufoqueis esse germe, não o corrompais, compreendei que ele é divino, e não substituis a voz da natureza pelos miseráveis furores da escola.

Sou eu apenas que vos une, ainda malgrado vós, através de vossas necessidades mútuas, mesmo no meio de vossas guerras cruéis conduzidas tão descuidadamente, teatro eterno dos erros, dos azares e das infelicidades. Sou eu apenas que, em uma nação, paralisa as consequências funestas da divisão interminável entre a nobreza e a magistratura, entre esses dois corpos e o do clero, entre o próprio burguês e o camponês. Eles todos ignoram os limites de seus direitos, mas escutam, malgrado si próprios, aos poucos, minha voz que fala a seus corações. Somente eu conservo a equidade nos tribunais, onde, sem mim, tudo seria entregue à indecisão e aos caprichos no meio de um aglomerado confuso de leis feitas, frequentemente, ao acaso e por necessidade passageira, diferentes entre si de província a província, de cidade a cidade, e quase sempre contraditórias entre si num mesmo lugar. Eu apenas posso inspirar a justiça, quando as leis não inspiram senão a chicana. Aquele que a mim escuta sempre julga bem. E aquele que busca apenas conciliar opiniões que se contradizem é aquele que se perde.

Existe um imenso edifício, do qual estabeleci o fundamento com minhas mãos. Ele era sólido e simples, todos os homens podiam entrar nele em segurança. Nele quiseram colocar os ornamentos mais bizarros, mais grosseiros, mais inúteis. O prédio cai em ruína por todos os lados. Os homens pegam as pedras e as atiram nas cabeças uns dos outros. Grito-lhes: 'Parai, desfazei-vos desses escombros funestos que são vossa obra e permanecei comigo em paz, no edifício inabalável que é o meu (161)'."

Artigo posteriormente acrescentado, no qual se informa sobre a última sentença pronunciada em favor da família Calas

Desde 7 de março de 1763 até o julgamento definitivo, passaram-se dois anos; o tanto que é fácil para o fanatismo arrancar a vida da inocência, é difícil para a razão restituir-lhe justiça. Foi necessário passar as demoras inevitáveis, necessariamente ligadas às formalidades. Menos essas formalidades haviam sido observadas na condenação de Calas, mais elas o deveriam ser, rigorosamente, pelo conselho de Estado. Um ano inteiro não foi suficiente para forçar o parlamento de Toulouse a encaminhar ao conselho todo o processo, para que o examinassem, para que o relatassem. O sr. de Crosne ainda foi encarregado desse trabalho penoso. Uma assembleia de quase oitenta juízes anulou a sentença de Toulouse e ordenou a revisão inteira do processo.

Outros casos importantes ocupavam, então, quase todos os tribunais do reino. Expulsavam os jesuítas, aboliam sua sociedade na França; eles haviam sido intolerantes e perseguidores, foram perseguidos, por sua vez.

A extravagância dos bilhetes de confissão, os quais eram creditados à autoria secreta dos jesuítas que eram publicamente seus partidários, já havia reanimado contra esses últimos o ódio da nação. Uma imensa bancarrota de um de seus missionários, bancarrota que, acreditou-se, em parte, fraudulenta, acabou por ser sua perdição. Apenas essas palavras de *missionários* e *bancarroteiros*, nada afeitas a serem postas juntas, colocaram em todos os espíritos a sentença de sua condenação. Enfim, as ruínas de Port-Royal e as ossadas de tantos homens célebres que foram insultados pelos jesuítas em suas sepulturas e exumados no início do século por ordens que apenas eles haviam ditado elevaram-se contra o expirante crédito jesuíta. Podemos ver a história de sua proscrição no excelente livro intitulado *Sobre a destruição dos jesuítas na França*, obra imparcial, pois é feita por um filósofo,* escrita com a fineza e a eloquência de

---

* D'Alambert. (N. T.)

Pascal e, sobretudo, com uma superioridade de luzes que não é ofuscada, como em Pascal,* por prejuízos que algumas vezes seduziram grandes homens.

Esse grande processo, no qual alguns partidários dos jesuítas diziam que a religião era ultrajada, ao passo que a maioria a acreditava vingada, fez durante muitos meses que o público perdesse de vista o processo dos Calas. Mas, tendo o rei atribuído ao tribunal que chamam de *as petições do palácio* o julgamento definitivo, o mesmo público, que gosta de passar de uma cena à outra, esqueceu os jesuítas e os Calas detiveram toda sua atenção.

A câmara de petições do palácio é uma corte soberana composta por promotores de justiça para julgar os processos entre os oficiais da corte e as causas que o rei lhes envia. Não poderiam escolher um tribunal mais instruído sobre o caso: eram precisamente os mesmos magistrados que haviam julgado duas vezes as preliminares da revisão e que estavam perfeitamente informados quanto ao fundo e à forma. A viúva de Jean Calas, seu filho, o senhor de Lavaisse, retornaram para a prisão. Trouxeram do interior do Languedoque aquela velha criada católica que não havia deixado, em nenhum momento, seus senhores e sua senhora no tempo em que se supunha, contra toda verossimilhança, que eles haviam estrangulado seu filho e irmão. Enfim, deliberaram sobre os mesmos indícios que haviam servido para condenar Jean Calas ao suplício da roda e seu filho Pierre ao banimento.

Foi então que surgiu uma nova memória do eloquente sr. de Beaumont, e outra do jovem sr. de Lavaisse, tão injustamente implicado nesse processo criminal pelos juízes de Toulouse que, por cúmulo de contradição, não o haviam declarado absolvido. Esse jovem fez pessoalmente um *factum* que foi julgado digno de ser emparelhado com o do sr. de Beaumont. Ele possuía a dupla vantagem de falar por si próprio e por uma família com a qual partilhara os grilhões. Coubera apenas a ele mesmo destruir seus amigos e sair da prisão de Toulouse, bastava ter dito que havia deixado por um momento os Calas no tempo em que presumiam que o pai e a mãe haviam assassinado seu filho. Haviam-no ameaçado o suplício. O flagelo e a

---

* Vale lembrar que Pascal era jansenista, grupo cristão que partilhava de violenta rivalidade para com os jesuítas. O jansenismo foi considerado herético pela ortodoxia da Igreja de Roma. Por fim, no início do século xviii, o jansenismo foi expulso da França e o centro desta ordem, o mosteiro de Port-Royal, foi destruído. (N. T.)

morte apresentaram-se diante de seus olhos. Uma palavra poderia dar-lhe sua liberdade. Ele preferira se expor ao suplício do que pronunciar tal palavra, que teria sido uma mentira. Ele expôs todos esses detalhes em seu *factum*, com uma candura tão nobre, tão simples, tão afastada de toda ostentação, que comoveu todos aqueles que ele apenas queria convencer, e fez-se admirável sem pretender tal reputação.

Seu pai, famoso advogado, não teve nenhuma parte nessa obra. Ele se viu repentinamente igualado por seu filho, que jamais estudara advocacia.

Enquanto isso, pessoas da maior consideração vinham em multidão para a prisão da senhora Calas, onde suas filhas estavam presas com ela. Comoviam-se com elas até às lágrimas. A humanidade, a generosidade, prodigalizavam-lhes amparos. Aquilo que chamam de *caridade*, não lhes dava nenhum. A caridade que, além disso, é frequentemente mesquinha e insultante, é o que há de comum entre os devotos, e os devotos ainda se mantinham contra os Calas.

O dia chegou (9 de março de 1765), no qual a inocência triunfou plenamente. Tendo o sr. Baquencourt apresentado todo o processo, e tendo detalhado o caso até quanto às menores circunstâncias, todos os juízes, em unanimidade de vozes, declararam a família inocente, errônea e abusivamente julgada pelo parlamento Toulouse. Reabilitaram a memória do pai. Permitiram à família de recorrer a quem cabia para intimar seus juízes, para deles obter as despesas, perdas e danos que os magistrados toulousianos deveriam suprir por conta própria.

Houve em Paris uma alegria generalizada. Agrupavam-se nas praças públicas, nos passeios. Acorriam para ver essa família tão infeliz e tão bem justificada. Aplaudiam ao ver os juízes passando, os cobriam de bênçãos. E o que tornava esse espetáculo ainda mais comovente é que nesse dia, 9 de março, era o mesmo dia no qual Calas perecera pelo mais cruel suplício (três anos antes).

Os senhores promotores de justiça haviam dado à família Calas uma justiça completa e, com isso, não haviam feito mais que seu dever. Trata-se de outro dever a beneficência, mais raramente presente nos tribunais que parecem crerem-se feitos para serem, unicamente, equitativos. Os promotores de justiça deliberaram que escreveriam em conjunto para Sua Majestade para suplicar reparação, através de suas dádivas, à ruína da família. A carta foi escrita. O rei a respondeu ordenando a entrega de trinta e seis mil libras à mãe e aos filhos. E desses trinta e seis mil, destinou três mil para a criada virtuosa que havia constantemente defendido a verdade ao defender seus patrões.

O rei, por essa bondade, mereceu, como por outras tantas ações, a alcunha que o amor da nação lhe conferiu.* Possa esse exemplo servir para inspirar a tolerância nos homens, sem a qual o fanatismo desolaria a Terra ou, no mínimo, a entristeceria a todo o momento! Nós sabemos que nesse caso trata-se de uma única família, e que a fúria das seitas fez milhares delas perecer. Mas, por hoje, que uma sombra de paz permita repousar todas as sociedades cristãs, após séculos de carnificina. É neste tempo de tranquilidade que a infelicidade dos Calas deve deixar uma grande impressão, quase como a trovoada que cai na serenidade de um belo dia. Esses casos são raros, mas acontecem e são o efeito dessa obscura superstição que conduz as almas fracas a imputarem crimes a quem quer que não pense como elas.

FIM DO TRATADO SOBRE A TOLERÂNCIA

---

* Luís xv, o Bem Amado. (N. T.)

Notas de Voltaire

1. 12 de outubro de 1761.

2. Não encontraram nele, após o transporte do cadáver para a câmara municipal, nada mais do que um pequeno arranhão na ponta do nariz, causado por algum descuido durante o transporte do corpo.

3. Não conheço mais que dois exemplos na história de pais acusados de terem assassinado seus filhos por conta da religião:

O primeiro é o do pai de Santa Bárbara, que chamamos Santa Barbe. Ele mandara fazer duas janelas em sua sala de banhos. Bárbara, em sua ausência, lá fez uma terceira em honra à Santíssima Trindade. Ela fez, *com a ponta do dedo*, o sinal da cruz sobre as colunas de mármore, e esse sinal ficou profundamente gravado nas colunas. Seu pai, em cólera, correu até ela com a espada na mão. Mas ela fugiu através de uma montanha que se abriu para ela. O pai contornou a montanha e alcançou a filha. Ela foi chicoteada totalmente nua, mas Deus a cobriu com uma nuvem branca. Finalmente, seu pai lhe cortou a cabeça. Eis o que relata a *Flor dos santos*.

O segundo exemplo é o príncipe Hermenegildo. Ele se revoltou contra o rei seu pai, batalhou contra ele no ano 584, foi vencido e morto por um oficial. Fizeram dele um mártir porque seu pai era ariano.

4. Um dominicano veio em minha masmorra e ameaçou-me com o mesmo tipo de morte caso eu não abjurasse. É o que atesto diante de Deus. 23 de julho de 1762. PIERRE CALAS.

5. Eles foram intimidados em várias cidades e a senhora Calas perdeu o fruto dessa generosidade.

6. *Devoto* vem da palavra latina *devotus*. Os *devoti* da Roma antiga eram aqueles que se devotavam pela salvação da república: eram os Cutius, os Decius.

7. Eles reiteravam a posição de Bérenger sobre a Eucaristia: negavam que um corpo pudesse estar em cem mil lugares diferentes, mesmo pela onipotência divina. Negavam que os atributos pudessem subsistir sem sujeito. Acreditavam que era absolutamente impossível que aquilo que é pão e vinho aos olhos, ao paladar e ao estômago fosse nadificado em um momento. Sustentavam todos esses erros, outrora condenados em Bérenger. Eles se embasavam em numerosas passagens dos primeiros *Pais da Igreja* e, sobretudo, em São Justino, que diz expressamente em seu diálogo contra Trífon: "A oblação da pura farinha (...) é a figura da Eucaristia que Jesus Cristo nos ordena fazer em memória de sua Paixão". Καὶ ἡ τῆς σεμιδάλεως δὲ προσφορά, (...), τύπος ἦν τοῦ ἄρτου τῆς εὐχαριστίας, ὃν εἰς ἀνάμνησιν τοῦ πάθους, (...), Ἰησοῦς Χριστὸς ὁ κύριος ἡμῶν παρέδωκε ποιεῖν, (...). (*Edit. Londinensis*, p.119 in-8°, 1719)

Eles lembravam tudo o que se havia dito nos primeiros séculos contra o culto das relíquias, citavam estas palavras de Vigilantius: "É necessário que respeiteis ou mesmo adoreis uma vil poeira? As almas dos mártires ainda animam suas cinzas? Os costumes dos idólatras introduziram-se na Igreja: começa-se a acender tochas em pleno meio-dia. Podemos, durante nossas vidas, orarmos uns pelos outros, mas, após a morte, de quê servem tais orações?".

Mas eles não diziam o quanto São Jerônimo elevara-se contra essas palavras de Vigilantius. Enfim, eles queriam remeter tudo aos tempos apostólicos e não queriam convir que, tendo a Igreja se expandido e fortificado, fora preciso, necessariamente, expandir e fortificar sua disciplina: condenavam as riquezas que pareciam, entretanto, necessárias para sustentar a majestade do culto.

8. O verídico e respeitável presidente De Thou fala assim desses homens tão inocentes e infortunados: "Homines esse qui trecentis circiter abhinc annis asperum et incultum solumvectigale a dominis acceperint, quod improbo labore et assíduo cultu frgum ferax et aptum pecori reddiderint; patientissimos eos laboris et inediae, a litibus abhorrentes, erga egenos munificos, tributa principi et sua jura dominis sedulo et summa fide pendere; Dei cultum assiduis precibus et morum innocentia prae se ferre, caeterum raro divorum templa adire, nisi si quando ad vicina suis finibus oppida mercandi aut negotiorum causa divertant; quo si quandoque pedem inferant, non Dei divorumque statuis advolvi, nec cereos eis aut donoria ulla ponere; non sacerdotes ab eis rogari ut pro se aut propinquorum manibus rem divinam faciant: non cruce frontem insignire uti aliorum moris est; cum coelum intonant, non se lustrali aqua aspergere, sed sublatis in coelum oculis Dei opem implorare; non religionis ergo peregre proficisci, non per vias ante crucium simulacra caput aperire; sacra alio ritu et populari língua celebrare; non denique pontifici aut episcopais honorem deferre, sed quosdam e suo numero delectos pro antistitibus et doctoribus habere. Haec uti ad Franciscum relata vi id. feb., anni, etc." (Thuani, *Hist.*, lib. vi.)

Madame de Cental, a quem pertencia uma parte das terras devastadas e sobre as quais não se via nada além dos cadáveres de seus habitantes, pediu por justiça ao rei Henrique ii, que a enviou ao parlamento de Paris. O advogado-geral de Provença, chamado Guérin, principal autor dos massacres, foi o único condenado a perder a cabeça. De Thou diz que recebeu sozinho a pena dos outros culpados, quod *aulicorum favore destitueretur*, pois ele não possuía amigos na corte.

9. François Gomar era um teólogo protestante. Ele sustentou, contra seu colega Arminius, que Deus destinara desde a eternidade a maioria dos homens a queimar eternamente. Esse dogma infernal foi sustentado, como deveria ser, pela perseguição. O grande pensionista Barneveldt, que era da posição contrária a Gomar, teve a cabeça cortada na idade de 72 anos, em 13 de maio de 1619, "por ter afligido o quanto possível a Igreja de Deus".

10. Um pregador na apologia da revogação do edito de Nantes assim diz ao falar da Inglaterra: "Uma falsa religião devia produzir, necessariamente, tais frutos. Um deles restava para amadurecer, esses insulares o acolheram, é o desprezo das nações". É preciso confessar que o autor toma muito mal seu tempo para dizer que os ingleses são desprezíveis e desprezados por toda a terra. Parece-me que quando uma nação demonstra sua bravura e sua generosidade, quando é vitoriosa nos quatro cantos do mundo, apenas então não é adequado dizer que ela é desprezível e desprezada. É em um capítulo sobre a intolerância que se encontra essa passagem singular. Aqueles que pregam a intolerância merecem escrever assim. Esse abominável livro, que parece feito pelo louco de Verberie, é de um homem sem vocação, pois qual sacerdote escreveria assim? O furor vai tão longe nesse livro até o ponto de justificar a Noite de São Bartolomeu. Acreditaríamos que tal obra, plena de paradoxos tão hediondos, deveria estar entre as mãos de todo mundo, pelo menos por sua singularidade. Entretanto, mal é conhecida.

11. Veja-se Rycaut.

12. Ver Kempfer e todas as relações do Japão.

13. O sr. de La Bourdonnaie, intendente de Rouen, diz que a manufatura de chapéus caiu em Caudebec e em Neuchâtel por conta da saída dos refugiados. O sr. Foucaut, intendente de Caen, diz que o comércio caiu pela metade, de modo geral. O sr. Maupeou, intendente de Poitiers, diz que a manufatura de tecido droguete acabou. O sr. de Bezons, intendente de Bordeaux, reclama que o comércio de Clérac et de Nérac quase não existe mais. O sr. de Miroménil, intendente de Touraine, diz que o comércio de Tours foi reduzido em dez milhões por ano; e tudo isso por causa da perseguição. (Ver os Memorandos dos intendentes, em 1698.) Considere-se, sobretudo, o número de oficiais de terra e de mar, os marinheiros que foram obrigados a ir servir contra a França e muitas vezes com uma funesta vantagem, então veja-se se a intolerância não causou algum mal ao Estado.

Não temos aqui a temeridade de propor pontos de vista para ministros cujos gênios e grandes sentimentos conhecemos, e de quem o coração é tão nobre quanto o nascimento. Eles verão bem que o restabelecimento da marinha demanda alguma indulgência para os habitantes das nossas costas.

14. Capítulos XXI e XXIV.

15. *Atos*, capítulo XXV, v. 16.

16. *Atos*, capítulo XXVI, v. 24.

17. Apesar de que os judeus não tivessem o direito de se servir da espada desde que Arquelau havia sido relegado entre os alogrobos, e que a Judeia era governada como província do império, todavia os romanos frequentemente fechavam os olhos quando os judeus exerciam o julgamento do zelo, quer dizer, quando, numa sublevação súbita, lapidavam por zelo aqueles que julgavam ter blasfemado.

18. Ulpianus, *Digest.*, liv. I, tit. II. "Eis qui judaicam superstitionem sequuntur honores adipisci permiserunt, etc."

19. Tácito diz (*Anais*, xv, 44): "Quos per flagitia invisos vulgus christianos appellabat".

Era bem difícil que o nome de cristão já fosse conhecido em Roma: Tácito escrevia sob Vespasiano e sob Domiciano, falava dos cristãos como falavam sobre eles em seu tempo. Eu ousaria dizer que essas palavras ódio *humani generis convicti* poderiam muito bem significar, no estilo de Tácito, *convencidos de serem odiados pelo gênero humano*, tanto quanto *convencidos de odiar o gênero humano*.

Com efeito, o que faziam em Roma esses primeiros missionários? Tentavam ganhar algumas almas, ensinavam a elas a moral mais pura. Não se impunham contra nenhum poder. A humildade de seus corações era extrema, assim como aquela de seu estado e situação. Mal eram conhecidos, mal eram distinguidos dos outros judeus; como o gênero humano, que os ignorava, poderia odiá-los? E como eles poderiam ser tidos como quem detesta o gênero humano?

Quando Londres queimou, acusaram os católicos. Mas isso fora depois de guerras religiosas, depois da conspiração dos barris de pólvora, na qual vários católicos, indignos de o serem, haviam sido acusados.

Os primeiros cristãos do tempo de Nero certamente não se encontravam na mesma situação. É muito difícil penetrar nas trevas da história. Tácito não oferece nenhuma razão da suspeita que se teve de que o próprio Nero tenha desejado transformar Roma em cinzas. Teria sido muito mais fundamentado suspeitar que Carlos II tenha incendiado Londres: o sangue do rei, seu pai, executado sobre um cadafalso aos olhos do povo que exigia sua morte, poderia pelo menos servir de justificativa para Carlos II. Mas Nero não possuía justificativa, nem pretexto, nem interesse. Esses rumores insensatos podem ser em qualquer país a crença comum do povo. Em nossos dias escutamos alguns deles, tão loucos e injustos quanto.

Tácito, que conhece tão bem o comportamento dos príncipes, devia conhecer o do povo; sempre vão, sempre exagerado em suas opiniões violentas e passageiras, incapaz de nada ver e capaz de tudo afirmar, de tudo crer e de tudo esquecer.

Fílon* (*De Virtutibus, et Legatione ad Caium*) diz que "Sejano os perseguiu sob Tibério, mas que após a morte de Sejano o imperador os restabeleceu em todos os seus direitos". Eles possuíam os de cidadãos romanos, apesar de todo desprezo que tinham por parte dos cidadãos romanos. Tinham parte nas distribuições de trigo e, mesmo quando a distribuição acontecia num dia de sabá, transferiam a deles para algum outro dia. Provavelmente isso era em consideração às somas em dinheiro que eles haviam dado ao Estado, pois em todos os

---

* Fílon de Alexandria (? a. c.-50 d. c.). (N. T.)

países eles compraram a tolerância e, bem depressa, foram ressarcidos pelo valor que ela tinha custado.

Essa passagem de Fílon explica perfeitamente aquela de Tácito que diz que enviaram quatro mil judeus ou egípcios para a Sardenha, e que se a intempérie do clima os fizesse perecer, isso teria sido uma perda leve, *vile damnum* (*Anais*, ii, 85) Adicionarei a esta remarca que Fílon vê Tibério como um príncipe sábio e justo. Acredito que ele era justo apenas na medida em que tal justiça ia de acordo com seus interesses. Mas o bem que Fílon diz dele me faz duvidar um pouco dos horrores que Tácito e Suetônio lhe reprovam. Não me parece, de modo algum, verossímil que um velho enfermo de setenta anos tenha se retirado à ilha de Capri para lá se entregar a depravações incomuns, que mal são da natureza e que eram até desconhecidas da juventude mais frenética de Roma.* Nem Tácito, nem Suetônio haviam conhecido esse imperador, eles recebiam com prazer os burburinhos populares. Otávio, Tibério e seus sucessores tinham sido odiosos, pois reinavam sobre um povo que deveria ter sido livre: os historiadores, se regozijavam ao difamá-los, e acreditava-se nesses historiadores em suas palavras, pois na época careciam de memorandos, jornais da época, documentos; assim os historiadores não citam ninguém, não era possível contradizê-los. Eles difamavam a quem quisessem, e decidiam por seu próprio grado sobre o julgamento da posteridade. Cabe ao leitor sábio verificar até que ponto devemos desconfiar da veracidade dos historiadores, qual crédito devemos ter pelos fatos públicos atestados por autores sérios, nascidos em uma nação esclarecida, e quais limites devemos colocar à credulidade sobre anedotas que esses mesmos autores relatam sem nenhuma prova.

20. Nós respeitamos, seguramente, tudo o que a Igreja torna respeitável. Invocamos os santos mártires, mas, ainda que reverenciando São Lourenço, podemos duvidar que São Sisto lhe tenha dito: "Tu me seguirás dentro de três dias". Que nesse curto intervalo o prefeito de Roma o tenha feito cobrar dinheiro dos cristãos, que o diácono Lourenço tenha tido tempo de fazer com que reunissem todos os pobres da cidade, que tenha ido até o prefeito para levá-lo ao local onde estavam esses pobres, que lhe tenham feito um processo submetendo-o a um interrogatório, que o prefeito tenha encomendado de ferreiro uma grelha grande o suficiente para assar um homem, que o primeiro magistrado de Roma tenha assistido pessoalmente a esse estranho suplício, que São Lourenço tenha dito sobre essa grelha: "Estou cozido o suficiente de um lado, rode-me do outro se queres me comer"? Essa grelha não faz o estilo dos romanos. E como pode ser que nenhum autor pagão tenha falado sobre nenhuma dessas aventuras?

---

* Segundo os rumores, o idoso Tibério praticava pedofilia em sua luxuosa residência de Capri. (N. T.)

110

21. Só é preciso abrir Virgílio para ver que os romanos reconheciam um deus supremo, soberano de todos os seres celestes.

... O! qui res hominumque deumque
Aeternis regis imperiis, et fulmine terres.
(*Eneida*, i, 233-34.)

O pater, o hominum divumque aeterna potestas, etc.
(*Eneida*, x, 18.).

Horácio se exprime muito mais enfaticamente:
Unde nil majus generatur ipso,
Nec viget quidquam simile, aut secundum.
(Lib. i, od. xii, 17-18.)

Não se cantava outra coisa senão a unidade de Deus nos mistérios aos quais quase todos os romanos estavam iniciados. Vede o belo hino de Orfeu, lede a carta de Máximo de Madaurus a Santo Agostinho, na qual ele diz: "apenas imbecis não podem reconhecer um Deus soberano". Longino, sendo pagão, escreve ao mesmo Santo Agostinho que Deus "é único, incognoscível, infalível". O próprio Lactâncio, que não se pode acusar de ser demasiado indulgente, admite, em seu livro v (*Divin. Institut.*, cap. iii) que "os romanos submetem todos os deuses ao deus supremo; *illos subjicit et mancipat Deo*". Mesmo Tertuliano, em sua *Apologética* (cap. xxiv), admite que todo o império reconhecia um deus mestre do mundo de quem o poder e a majestade são infinitos, *principem mundi, perfectoe potentioe et majestatis*. Abri, sobretudo, Platão, o mestre de Cícero na filosofia, vereis "não há senão um Deus, que se deve adorar, amar, trabalhar para assemelhar-se a ele pela santidade e pela justiça". Epiteto no cárcere, Marco Antônio no trono, dizem a mesma coisa em diversos lugares.

22. Capítulo xxxix.

23. Capítulo xxxv.

24. Capítulo iii.

25. Essa asserção deve ser provada. É preciso convir que, desde que a história sucedeu a fábula, não se vê nos egípcios mais do que um povo covarde e supersticioso. Cambises se apossa do Egito através de uma só batalha. Alexandre lá impõe leis sem sofrer um só combate, sem que nenhuma cidade ouse aguardar um cerco. Os Ptolomeus se apoderaram dele sem sofrer nenhum golpe. César e Augusto o subjugam tão fácil quanto. Omar toma todo o Egito em uma única campanha. Os mamelucos, povo da Cólquida e das redondezas do monte Cáucaso, lá foram os mestres após Omar, foram eles e não os egípcios que defrontaram o exército de São Luís e tomaram esse rei como prisioneiro. Por fim, tendo os mamelucos se tornado egípcios, quer dizer, relaxados, co-

vardes, relapsos, volúveis, como os habitantes naturais daquele clima, em três meses caíram sob o jugo de Selim I, que ordenou enforcar seu sultão e deixou essa província anexada ao império dos turcos, até que outros bárbaros se apossem dela um dia.

Heródoto relata que, em tempos fabulosos, um rei egípcio chamado Sesóstris saiu de seu país com o desígnio formal de conquistar o universo. É evidente que tal desígnio não é digno senão de um Picrochole* ou de dom Quixote, sem contar que o nome Sesóstris nem é egípcio, assim pode-se colocar esse evento, assim como todos os fatos anteriores, na categoria das *Mil e uma noites*. Nada é mais comum entre os povos conquistados do que debitar fábulas sobre sua antiga grandeza como, em certos países, certas famílias miseráveis se fazem passar por descendentes de antigos soberanos. Os sacerdotes do Egito contaram a Heródoto que esse rei que ele chama de Sesóstris tinha ido subjugar a Cólquida; é como se dissessem que um rei da França partisse de Touraine para ir subjugar a Noruega.

Por mais que se repitam todos esses contos em milhares e milhares de volumes, eles não se tornam mais verossímeis. É bem mais natural que os habitantes robustos e ferozes do Cáucaso, os cólquidas e os outros citas, que vieram tantas vezes devastar a Ásia, tenham penetrado até o Egito. E se os sacerdotes de Colcos levaram, em seguida, a moda da circuncisão entre eles, isso não é uma prova de que tenham sido subjugados pelos egípcios. Deodoro da Sicília relata que todos os reis derrotados por Sesóstris vinham todos os anos do interior de seus reinos para lhe prestar seus tributos, e que Sesóstris se servia deles como cavalos de tração, e que ordenava que os atrelassem a sua carruagem para ir até o templo. Essas histórias de *Gargântua* são todos os dias fielmente copiadas. Seguramente esses reis eram muito bondosos para virem de tão longe para servirem de cavalos.

Quanto às pirâmides e as outras antiguidades, elas não provam outra coisa senão o orgulho e o mau gosto dos governantes do Egito, assim como a escravidão de um povo imbecil, empregando seus braços, que eram seus únicos bens, para satisfazer a grosseira ostentação de seus mestres. O governo desse povo, mesmo nos períodos em que mais se gaba, parece absurdo e tirânico. Relata que todas as terras pertencessem a seus monarcas. Cabe muito bem a semelhantes escravos conquistarem o mundo!

Essa profunda ciência dos sacerdotes egípcios é também uma das mais enormemente ridículas da história antiga, quer dizer, da fábula. Pessoas que acreditavam que no curso de onze mil anos o sol havia surgido duas vezes no poente e se posto duas vezes no nascente, recomeçando seu curso, estavam

---

* Personagem da obra *Gargântua* de François Rabelais. No romance fantástico, Picrochole se trata de um rei, exemplo de mal governante, que promove uma guerra absurda contra outro reino. (N. T.)

112

certamente muito abaixo do autor do *Almanaque de Liège*.[*] A religião desses sacerdotes, que governavam o Estado, não era comparável à dos povos mais selvagens da América: sabe-se que adoravam crocodilos, macacos, gatos, cebolas, e talvez não haja outro culto hoje em toda a Terra, além do culto do grande lama, que seja tão absurdo.

Suas artes não valem muito mais que sua religião. Não há sequer uma única antiga estatua egípcia que seja suportável, e tudo o que eles possuem de bom foi feito em Alexandria, no governo dos Ptolomeus e dos Césares, por artistas gregos. Precisaram de um grego para aprender a geometria.

O ilustre Bossuet se extasia sobre o mérito egípcio em seu *Discurso sobre a história universal* endereçado ao filho de Luís xiv. Pode servir para deslumbrar um jovem príncipe, mas agrada muito poucos eruditos. Trata-se de uma declamação bastante eloquente, mas um historiador deve ser mais filósofo do que orador. De resto, fazemos essa reflexão sobre os egípcios apenas como uma conjectura. Que outro nome pode-se dar a tudo o que se diz sobre a Antiguidade?[**]

26. Não se põe em dúvida a morte de Santo Inácio. Mas, quando se lê o relato de seu martírio, um homem de bom senso não sentirá algumas dúvidas elevarem-se em seu espírito? O autor desconhecido desse relato afirma que: "Trajano acreditou que faltaria algo em sua glória caso ele não submetesse a seu império o Deus dos cristãos". Que ideia! Trajano era um homem que quis triunfar sobre os deuses? Quando Inácio apareceu diante do imperador, esse governante lhe disse: "Quem és tu, espírito impuro"? Também não é verossímil que um imperador tenha falado com um prisioneiro e que o tenha condenado pessoalmente; não é assim que os soberanos se portam. Se Trajano fez Inácio vir diante de si, ele não lhe perguntou "quem és tu?", ele já o sabia bem. Essas palavras, *espírito impuro*, poderiam ter sido pronunciadas por um homem como Trajano? Não se percebe que essa é uma expressão de

---

* Publicações anuais que versavam sobre astrologia e esoterismo. Essas publicações, de conteúdo científico duvidoso, duraram do século xvii até o final do xviii. (N. T.)

** De fato, na época de Voltaire, a arqueologia incipiente não podia oferecer muito mais sobre a Antiguidade além de conjecturas. É por essa razão que se deve relativizar o próprio discurso do autor sobre os egípcios. De fato, a civilização egípcia foi uma potência militar do mundo antigo durante muitos séculos, constituindo um império que, no seu apogeu, ia desde o atual Sudão no sul, até a atual Síria e sudeste da Turquia em sua parte setentrional (região próxima ao Cáucaso). Quanto às ciências, os antigos egípcios também não podem ser subestimados, pois se, por um lado, seus conhecimentos astronômicos estão associados à sua mitologia astrológica, por outro lado, sua medicina era muito avançada para a época e, em certos aspectos, só foi alcançada pela medicina europeia no século xix, sem falar de seus incontestáveis conhecimentos de engenharia e arquitetura. Na época de Voltaire era comum pensar que todas as artes e ciências racionais pertenciam à civilização ocidental de origem greco-romana e o conhecimento de outros povos estaria limitado ao misticismo supersticioso. Nos últimos dois séculos, evidências arqueológicas têm contestado reiteradamente essa crença que, diga-se, persiste até hoje em certos círculos. (N. T.)

exorcismo, que um cristão põe na boca de um imperador? É esse, bom Deus, o estilo de Trajano? Pode-se imaginar que Inácio lhe tenha respondido que se chamava Teóforo, pois levava Jesus em seu coração e que Trajano tenha dissertado com ele sobre Jesus Cristo? Fazem Trajano dizer, ao fim da discussão: "Ordenamos que Inácio, que se glorifica de levar consigo o crucificado, será posto em grilhões, etc." Um sofista inimigo dos cristãos podia chamar Jesus Cristo de *o crucificado*. Mas não é tão provável que, numa sentença, tenha servido desse termo. O suplício da cruz era tão utilizado pelos romanos que não podiam, no estilo das leis, designar por *o crucificado* o objeto de culto dos cristãos. E não é desse modo que as leis e os imperadores pronunciam seus julgamentos.

Fazem, em seguida, Santo Inácio escrever uma longa carta aos cristãos de Roma: "Eu vos escrevo", diz ele, "completamente acorrentado como estou". Certamente, se lhe foi permitido escrever aos cristãos de Roma, esses cristãos não eram procurados. Trajano não tinha, logo, o desígnio de submeter seu Deus ao próprio império. Ou se esses cristãos estivessem sob o flagelo da perseguição, então Inácio cometia uma grande imprudência escrevendo para eles; significava expô-los, entregar-lhes, significava tornar-se seu delator.

Parece que esses que escrevem tais atos deviam ter mais atenção às verossimilhanças e às conveniências. O martírio de São Policarpo engendra mais dúvidas. É dito que uma voz gritou do céu: "Coragem, Policarpo!" Tal voz os cristãos ouviram, mas os outros nada escutaram. É dito que quando amarraram Policarpo no poste e a fogueira estava em chamas, essas chamas se afastaram dele e formaram um arco acima de sua cabeça. Então uma pomba saiu desse arco, o santo, respeitado pelo fogo, exalou uma fragrância aromática que perfumou a multidão, mas aquele de quem o fogo não ousava se aproximar não pôde resistir ao golpe do gládio. É preciso confessar que se deve perdoar aqueles que encontram nessas histórias mais piedade do que verdade.

27. História eclesiástica, liv. viii.

28. Veja-se a excelente Carta de Locke sobre a tolerância.

29. O jesuíta Busembaum, comentado pelo jesuíta Lacroix, diz: "é permitido matar um príncipe excomungado pelo papa, em qualquer país onde se encontre esse príncipe, pois o universo pertence ao papa e quem aceita tal delegação realiza uma obra caridosa". É essa proposição, inventada nas casinhas do inferno, que mais excitou toda a França contra os jesuítas. Mais do que nunca, eles foram reprovados por conta desse dogma, ensinado tão frequentemente, e tão frequentemente repudiado. Eles pensaram se justificar mostrando aproximadamente as mesmas decisões em São Tomás e em vários dominicanos (vede, se puderes, a *Carta de um homem do mundo a um teólogo, sobre São Tomás*; é uma brochura de jesuíta, de 1762). Com efeito, São Tomás de Aquino, doutor angélico, intérprete da vontade divina (são seus títulos), adianta que um príncipe apóstata perde seu direito à coroa e que não se deve mais obedecer-lhe,

que a Igreja pode puni-lo com a morte (livro II, part. 2, quest. 12), que o imperador Juliano foi tolerado apenas por ser o mais forte (livro II, part. 2, quest. 12), que por direito deve-se matar todos os heréticos (livro II, part. 2, quest. 12), que aqueles que libertam o povo de um príncipe que governa tiranicamente são muito louváveis, etc. Respeita-se muito o anjo da escola, mas se nos tempos de Jacques Clément, seu confrade, e do folhetim *Ravaillac* ele viesse sustentar na França tais proposições, como, então, teriam tratado o anjo da escola?

É preciso admitir que Jean Gerson, chanceler da Universidade, foi ainda mais longe que São Tomás, e o franciscano Jean Petit foi infinitamente mais longe que Gerson. Diversos franciscanos sustentaram as horríveis teses de Jean Petit. É preciso admitir que essa doutrina diabólica do regicídio venha unicamente da louca ideia partilhada há muito por quase todos os monges de que o papa é um Deus na terra que pode dispor a seu bel prazer do trono e da vida dos reis. Nesse ponto nós fomos muito mais baixos do que esses tártaros que creem no grande lama imortal, este lhes distribui sua cadeira retrete, eles fazem secar essas relíquias, consagram-nas e as beijam devotamente. De minha parte, confesso que preferiria, pelo bem da paz, carregar em meu pescoço essas relíquias do que acreditar que o papa tenha o menor direito sobre o temporal dos reis, nem mesmo sobre o meu, em qualquer caso que isso possa o ser.

30. Deuteronômio, cap. XIV.

31. Na intenção que temos de fazer sobre essa obra algumas notas úteis, observaremos aqui que se diz que Deus faz uma aliança com Noé e com todos os animais. E, entretanto, Ele permite a Noé *comer de tudo que tenha vida e movimento*, faz exceção somente do sangue, que não permite que dele nos alimentemos. Deus acrescenta (*Gênesis*, IX, 5) "que se vingará de todos os animais que derramaram o sangue do homem".

Pode-se inferir dessas passagens e de muitas outras que toda a Antiguidade sempre pensou, até nossos dias, e que todos os homens sensatos pensam, que os animais possuem algum conhecimento. Deus não faz, em absoluto, um pacto com as árvores e com as pedras, que não possuem nenhum sentimento, mas Ele o faz com os animais, aos quais se dignou a dotar de um sentimento, muitas vezes mais requintado que o nosso, e de algumas ideias necessariamente atreladas a esse sentimento. É porque ele não quer que tenhamos a barbaridade de nos alimentar do sangue deles, pois, com efeito, o sangue é a fonte da vida e, consequentemente, do sentimento. Privai um animal de todo seu sangue, assim todos os seus órgãos ficam sem ação. É, pois, com muita razão que as Escrituras dizem em uma centena de lugares que a alma, quer dizer, isso que se chamava de *alma sensitiva*, está no sangue. E essa ideia tão natural foi a mesma de todos os povos.

É sobre essa ideia que foi fundada a comiseração que devemos ter pelos animais. Dos sete preceitos dos noáchidas, admitidos entre os judeus, há um que proíbe comer o membro de um animal em vida. Esse preceito prova que os homens tiveram a crueldade de mutilar animais para comer seus membros cortados, e que os deixavam vivos para se alimentarem sucessivamente das partes de seus corpos. Esse costume subsistiu, com efeito, entre alguns povos bárbaros, como se vê através dos sacrifícios da ilha de Quios, a Baco Omadios, o comedor de carne crua. Deus, permitindo que os animais nos sirvam de alimento, recomenda, então, alguma humanidade para com eles. É preciso convir que há barbárie em fazê-los sofrer. Certamente, apenas o costume pode diminuir em nós o horror natural de degolar um animal, que alimentamos, com nossas próprias mãos. Sempre houve povos que tiveram grande escrúpulo em relação a isso. Esse escrúpulo perdura ainda em quase toda a Índia, toda a seita de Pitágoras, na Itália e na Grécia, sempre se abstém de comer carne. Porfírio, em seu livro da *Abstinência*, reprova seu discípulo por ter deixado sua seita apenas para se entregar a seu apetite bárbaro.

Parece-me que é preciso ter renunciado à luz natural para ousar afirmar que os animais não são mais do que máquinas.* Há uma contradição manifesta em admitir que Deus concedeu às bestas todos os órgãos do sentimento e sustentar que Ele não lhes concedeu sentimento.

Parece-me, ainda, que é preciso não ter jamais observado os animais para não distinguir neles as diferentes vozes da necessidade, do sofrimento, da alegria, do temor, do amor, da cólera, e de todas as suas afecções, seria muito estranho que eles exprimissem tão bem aquilo que não sentissem.

Essa ressalva pode fornecer muitas reflexões aos espíritos experientes sobre o poder e a bondade do Criador, que se digna conceder a vida, o sentimento, as ideias e a memória aos seres que ele próprio organizou em sua toda poderosa mão. Não sabemos como esses organismos foram formados, nem como se desenvolvem, nem como receberam a vida, nem através de quais leis os sentimentos, as ideias, a memória e a vontade são ligados a essa vida. E nessa profunda e eterna ignorância, inerente a nossa natureza, entramos em disputas sem cessar, perseguimo-nos uns aos outros, como os touros que se batem com seus chifres sem saber como e por que eles possuem chifres.

32. *Amós*, capítulo v, versículo 26.

33. *Jeremias*, capítulo vii, versículo 22.

34. *Atos*, capítulo vii, versículos 42-43.

35. *Deuteronômio*, capítulo xii, versículo 8.

36. Vários escritores concluem temerariamente dessa passagem que o capítulo concernente ao bezerro de ouro (que não é outra coisa senão o deus Ápis) foi acrescentado aos livros de Moisés, assim como muitos outros capítulos.

Aben-Hezra foi o primeiro que acreditou provar que o *Pentateuco* fora redigido no tempo dos reis. Wollaston, Collins, Tindal, Shaftesbury, Bolingbroke,

---

* Era o que afirmava a filosofia mecanicista do século xvii, veja-se, sobretudo, Descartes em *As paixões da alma*. (N. T.)

116

e muitos outros alegaram que a arte de gravar os pensamentos na pedra polida, na argila, no chumbo ou na madeira era então a única forma de escrita. Eles dizem que no tempo de Moisés, os caldeus e os egípcios não escreviam de outra maneira. Diziam que na época só se podia gravar de um modo muito abreviado, e em hieróglifos, a substância das coisas que queriam transmitir à posteridade, e não histórias detalhadas. Dizem que não era possível gravar livros volumosos num deserto onde mudavam constantemente de morada, onde não havia ninguém que pudesse fornecer roupas, nem cortá-las, nem mesmo consertar as sandálias, e onde Deus foi obrigado a produzir um milagre de quarenta anos (*Deuteronômio*, VIII, 5) para conservar as vestimentas e os calçados de seu povo. Eles dizem que não é verossímil que houvesse tantos gravadores de caracteres, quando careciam das artes mais necessárias, e que não podiam sequer produzir pão. E se lhes dizem que as colunas do tabernáculo eram de bronze, e os capitéis de prata maciça, respondem que a ordem pode ter sido dada no deserto, mas que só foi executada em tempos mais propícios.

Eles não conseguem conceber que esse povo pobre tenha pedido um bezerro de ouro maciço (*Êxodo*, XXXII, 1) para adorar ao pé da mesma montanha onde Deus falava a Moisés, em meio a raios e relâmpagos que o povo via (*Êxodo*, XIX, 18-19), e ao som da trombeta celeste que ouvia. Eles se espantam de que na própria véspera do dia em que Moisés desceu da montanha, todo esse povo se dirigira ao irmão de Moisés para ter esse bezerro de ouro maciço. Como Aarão o pôs em fundição em um só dia (*Êxodo*, XXXII, 40)? Como, em seguida, Moisés o reduziu a pó (*Êxodo*, XXXII, 20)? Eles dizem que é impossível para qualquer artista fazer em menos de três meses uma estátua de ouro e que, para reduzi-la a pó ao ponto em que possa ser engolida, a arte da química mais erudita não é suficiente. Desse modo, a prevaricação de Aarão e a operação de Moisés teriam sido dois milagres.

A humanidade, a bondade de coração que os enganam, os impedem de acreditar que Moisés tenha mandado degolar vinte e três mil pessoas (*Êxodo*, XXXII, 28) para expiar esse pecado. Eles não imaginam que vinte e três mil homens se tenham deixado assim massacrar pelos levitas, ao menos que isso seja um terceiro milagre. Enfim, eles acham estranho que Aarão, o mais culpado de todos, tenha sido recompensado pelo crime pelo qual os outros foram tão terrivelmente punidos (*Êxodo*, XXXIII, 19 e *Levítico*, VIII, 2), e que ele tenha sido feito grande sacerdote, ao passo que o cadáver ensanguentado de vinte e três mil de seus irmãos estavam empilhados ao pé do altar onde foi fazer sacrifícios.

Eles levantam as mesmas dificuldades em relação aos vinte e quatro mil israelitas massacrados por ordem de Moisés (*Números*, XXV, 9) para expiar a culpa de um único que haviam surpreendido com uma jovem madianita. Vemos tantos reis judeus, e sobretudo Salomão, desposar impunemente estrangeiras a ponto de esses críticos não poderem admitir que a aliança com uma madianita tenha sido um crime tão grande. Rute era moabita, ainda que sua família fosse originária de Belém. *As Sagradas Escrituras* sempre a chamam de Rute, a Moabita. Entretanto, ela foi ter ao leito de Boaz por conselho de sua mãe, dele recebeu seis alqueires de cevada, o desposou em seguida e foi a avó de Davi. Raabe era não somente estrangeira, mas uma mulher pública; a Vulgata não lhe dá outro título senão o de meretriz (*Josué*, VI, 17). Ela esposou Salmom, príncipe de Judá, e é ainda desse Salmom que Davi descende. Consideram inclusive Raabe como a figura da Igreja cristã: é a opinião de vários padres, e sobretudo de Orígenes em sua sétima homilia sobre Josué.

Betsabé, esposa de Urias, da qual Davi teve Salomão, era eteia. Se remontares mais acima, o patriarca Judá esposou uma mulher cananeia, seus filhos tiveram por esposa Tamar, da raça de Aram. Essa mulher, com quem Judá cometeu, sem o saber, um incesto, não era da raça de Israel.

Desse modo, nosso senhor Jesus Cristo se dignou a encarnar entre os judeus numa família na qual cinco estrangeiras participavam da linhagem, para mostrar que as nações estrangeiras teriam parte em sua herança.

O rabino Aben-Hezra foi, como é dito, o primeiro que ousou sugerir que o *Pentateuco* fora redigido muito tempo depois de Moisés. Ele se baseia em diversas passagens. "O cananeu (*Gênesis*, IX, 6) estava então nesse país. A montanha de Moriá (II *Paralip.*, III, 1), chamada de a *montanha de Deus*. O leito de Og, rei de Bazan, se encontra ainda em Rabat, e ele nomeou todo esse país de Bazan vilas de Jair, até hoje. Jamais se viu profeta em Israel como Moisés. São estes os reis que reinaram em Edom (*Gênesis*, XXXVI, 31) antes que algum reinasse sobre Israel." Aben-Hezra pretende que essas passagens onde se fala sobre coisas acontecidas depois de Moisés não podem ser escritas por este último. Respondem a tais objeções que essas passagens são notas acrescentadas, muito tempo depois, pelos copistas.

Newton, de quem o nome, aliás, não se deve prenunciar senão com respeito, mas que pôde enganar-se já que era homem, atribui em sua introdução a seus comentários sobre Daniel e São João, os livros de Moisés, de *Josué* e dos *Juízes* a autores sagrados muito posteriores: ele se baseia no capítulo XXXVI do *Gênesis*, em quatro capítulos dos *Juízes*, XVII, XVIII, XIX, XXI, em *Samuel* capítulo VIII, nas *Crônicas* capítulo II, no livro de Rute, capítulo IV. Com efeito, se no capítulo XXXVI de *Gênesis* fala-se dos reis, se eles são mencionados nos livros dos *Juízes*, se no livro de *Rute* é falado sobre Davi, parece que todos esses livros foram redigidos na época dos reis. É também a opinião de alguns teólogos, a começar pelo famoso Leclerc. Mas essa opinião tem apenas um pequeno número de seguidores cuja curiosidade sonda tais abismos. Essa curiosidade, sem dúvida, não está na categoria dos deveres do homem. Quando os sábios e os ignorantes, os príncipes e os pastores se apresentarem depois desta curta vida diante do mestre da eternidade, cada um de nós desejará, então, ser justo, humano, compassivo, generoso; ninguém irá se gabar de ter sabido, precisamente, em qual ano o *Pentateuco* foi escrito, e de ter deslindado o texto de notas que era usado pelos escribas. Deus não nos questionará se tomamos o partido dos massoretes contra o *Talmude*, se não tomamos um *caph* por um *beth*, um *yod* por um *vau*, um *daleth* por um *res*. Certamente ele nos julgará por nossas ações, e não pelo conhecimento da língua hebraica. Mantemo-nos firmes à decisão da Igreja, segundo o dever razoável de um fiel.

Finalizemos essa nota com uma passagem importante do *Levítico*, livro composto após a adoração do bezerro de ouro. Ele ordenou aos judeus a não mais adorar os lanosos, "os bodes, com os quais chegaram mesmo a cometer abominações infames". Não se sabe se esse culto vinha do Egito, pátria da superstição e do sortilégio, mas acredita-se que o costume de nossos supostos feiticeiros de adorar um bode no sabá e de com ele se entregar a depravações inconcebíveis, cuja ideia causa horror, veio dos antigos judeus. Com efeito, foram eles que ensinaram, numa parte da Europa, a feitiçaria. Que povo! Uma infâmia tão estranha parecia merecer um castigo semelhante àquele que o bezerro de ouro lhe infligiu. No entanto, o legislador se contenta em fazer-lhe uma simples proibição. Relatamos aqui esse fato apenas para fazer conhecer a nação judia. Necessariamente, a bestialidade era comum entre eles, pois essa é a única nação conhecida cujas leis tenham sido forçadas a proibir um crime que não é sequer conhecido por nenhum legislador.

É de se acreditar que nas fadigas e na penúria que os judeus tinham experimentado nos desertos de Farã, Oreb e Cades-Barnés, a espécie feminina, mais frágil que a outra, tenha sucumbido. Com efeito, é muito provável que os judeus carecessem de jovens mulheres, pois sempre lhes foi ordenado, quando se apoderavam de uma cidade ou vila, seja à esquerda ou à direita do lago Asfaltite, que matassem todos, exceto as jovens núbeis.

Os árabes que ainda habitam uma parte desses desertos estipulam sempre, nos tratados que fazem com as caravanas, que lhes darão jovens núbeis. É provável que os jovens, nesse país horroroso, levaram a depravação da natureza humana até o ponto de copularem com cabras, como é dito de alguns pastores da Calábria.

Agora resta saber se essas cópulas produziram monstros e se há algum fundamento nos antigos contos sobre sátiros, faunos, centauros e minotauros. A história o diz, mas a física ainda não nos esclareceu sobre esse assunto monstruoso.

37. *Josué*, capítulo XXIV, versículo 15 ss.

38. *Números*, capítulo XXI, versículo 9.

39. *Reis*, liv. III, capítulo XV, versículo 14; ibid, capítulo XXII, versículo 44.

40. *Números*, capítulo XXXI.

41. É certo pelo texto (*Juízes*, XI, 39) que Jefté imolou sua filha. "Deus não aprova essas devoções" – diz dom Calmet em sua *Dissertação sobre o voto de Jefté* – "mas quando são prometidas, ele quer que sejam executadas, não fosse apenas para punir aqueles que as faziam, ou por reprimir a leviandade com que

seriam feitas se não temessem a execução". Santo Agostinho e quase todos os Pais da Igreja condenam a ação de Jefté: É verdade que a *Escritura* (*Juízes*, XI, 29) diz que ele foi preenchido pelo espírito de Deus, e São Paulo, em sua *Epístola aos hebreus*, capítulo XI, versículo 32, faz o elogio de Jefté, o considera junto de Samuel e Davi.

São Jerônimo, em sua *Epístola a Juliano*, diz: "Jefté imolou sua filha ao Senhor, e é por isso que o apóstolo o conta entre os santos". Eis aí, de uma parte e de outra, os julgamentos sobre os quais não nos é permitido acrescentar o nosso. Deve-se até temer ter uma opinião.

42. Pode-se ver a morte do rei Agag como um verdadeiro sacrifício. Saul havia feito desse rei dos amalequitas um prisioneiro de guerra e o havia recebido para negociação. Mas, o sacerdote Samuel lhe ordenara para não poupar nada; disse-lhe nestas exatas palavras (*Reis*, XV, 3): "Matai tudo, desde o homem até a mulher, até as crianças pequenas e aquelas que ainda são de peito".

"Samuel cortou o rei Agag em pedaços, diante do Senhor, em Gilga."

"O zelo que animava esse profeta", diz dom Calmet, "o pôs de espada a mão nessa ocasião para vingar a glória do Senhor e para confundir Saul".

Vemos, nessa fatal aventura, uma devoção, um sacerdote, uma vítima: tratava-se, então, de um sacrifício.

Todos os povos, de quem temos história, sacrificaram homens à Divindade, exceto os chineses. Plutarco (*Quest. rom.* LXXXII) relata que inclusive os romanos imolaram pessoas na época da república.

Vemos, nos *Comentários de César* (*De bello gall.*, I, XXIV), que os germânicos imolavam os reféns que ele lhes devolvera depois de sua vitória.

Destaquei, aliás, que essa violação do direito das pessoas para com os reféns de César, e essas vítimas humanas imoladas, para cúmulo do horror, pela mão de mulheres, desmente um pouco o panegírico que Tácito faz dos germânicos, em seu tratado *De moribus germanorum*. Parece que, nesse tratado, Tácito pensa mais em fazer a sátira dos romanos do que o elogio aos germânicos, que ele não conhecia.

Diga-se, de passagem, que Tácito gostava mais da sátira do que da verdade. Ele quer tornar tudo odioso, até as ações indiferentes, e sua malignidade nos agrada quase tanto quanto seu estilo, pois adoramos a maledicência e a sagacidade.

Retornemos às vítimas humanas. Nossos antepassados as imolavam tanto quanto os germânicos. Esse é o último grau da estupidez de nossa natureza abandonada a si mesma, e é um dos frutos da fraqueza de nosso julgamento. Dizemos: é preciso oferecer a Deus o que possuímos de mais precioso e belo; não temos nada mais precioso que nossos filhos, logo, é preciso escolher os mais belos e jovens para sacrificar à Divindade.

Fílon diz que, na terra de Canaã, imolava-se, às vezes, crianças antes que Deus tenha ordenado que Abraão lhe sacrificasse seu filho único, Isaac, para provar sua fé.

120

Sanchoniathon, citado por Eusébio, relata que os fenícios sacrificavam, nos momentos de grande perigo, o mais querido de seus filhos, e que Ilus imolou seu filho Jehud mais ou menos na mesma época em que Deus pôs a fé de Abraão à prova. É difícil penetrar nas trevas dessa Antiguidade, mas é muito verdadeiro que esses horríveis sacrifícios foram costume em quase todos os lugares; os povos apenas os abandonaram na medida em que se tornaram mais polidos. A polidez traz a humanidade.

43. *Juízes*, capítulo xi, versículo 24.

44. *Juízes*, capítulo xvii, último versículo.

45. *Reis*, liv. iv, capítulo v, versículos 18 e 19.

46. Aqueles que estão pouco a par dos costumes da Antiguidade e que só sabem julgar a partir do que veem ao seu redor podem se espantar com essas singularidades. Mas é preciso pensar que no Egito de então, e em grande parte da Ásia, a maior parte das coisas era expressa através de figuras, hieróglifos, sinais, tipos.

Os profetas, que se chamavam *videntes* entre os egípcios e os judeus, não apenas se exprimiam em alegorias, mas figuravam através de sinais os eventos que anunciavam. Assim, Isaías, o primeiro dos quatro grandes profetas judaicos, pegou um rolo (capítulo viii) e gritou: "Shas bas, tomai depressa o butim", em seguida se uniu à profetisa. Ela concebeu e pôs no mundo um filho que ele chama Maher-Salas-Has-bas: trata-se de uma figura dos males que os povos do Egito e da Assíria farão aos judeus.

Esse profeta diz (vii, 15, 16, 18, 20): "Antes que a criança esteja na idade de comer manteiga e mel e que saiba reprovar o mal e escolher o bem, a terra por vós detestada será entregue a dois reis: o Senhor assobiará às moscas do Egito e às abelhas de Assur, o Senhor tomará uma navalha de aluguel e com ela raspará toda a barba e os pelos dos pés do rei de Assur".

Essa profecia das abelhas, da barba, dos pelos dos pés raspados, só pode ser entendida por aqueles que sabem que era costume chamar os enxames com o som da flauta ou de algum outro instrumento campestre; que a maior afronta que se podia fazer a um homem era cortar-lhe a barba; que chamavam de *pelos dos pés* os pelos pubianos; que esses pelos não eram raspados a não ser nos casos das doenças imundas como a lepra. Todas essas figuras tão estranhas ao nosso estilo não significavam outra coisa senão que o Senhor, dentro de alguns anos, libertaria seu povo da opressão.

O mesmo Isaías (capítulo xx) marcha completamente nu para mostrar que o rei da Assíria levará do Egito e da Etiópia uma multidão de cativos que não terão com o quê cobrir sua nudez.

Ezequiel (capítulo iv e seguinte) come o volume de pergaminho que lhe é apresentado. Em seguida cobre seu pão de excrementos e permanece deitado sobre seu lado esquerdo trezentos e noventa dias, e sobre o lado direito quarenta dias, para dar a entender que os judeus carecerão de pão e para significar os anos que deveria durar o cativeiro. Ele se atrela a correntes, para representar aquelas do povo. Corta seus cabelos e sua barba, e os divide em três partes: o primeiro terço designa aqueles que devem perecer na cidade, o segundo, aqueles que serão mortos no entorno das muralhas, o terceiro os que devem ser levados para a Babilônia.

O profeta Oséias (capítulo III) se une a uma mulher adúltera, que ele compra por quinze peças de prata e um saco e meio de cevada: "Tu me esperarás – diz ele – muitos dias, e durante esse tempo nenhum homem se aproximará de ti: é o estado no qual os filhos de Israel ficarão muito tempo sem reis, sem príncipes, sem sacrifício, sem altar, sem éfode". Em uma palavra, os nabis, os videntes, os profetas, não predizem quase nunca sem figurar através de um sinal a coisa predita.

Jeremias, então, não faz senão seguir conforme o costume, prendendo-se a cordas e colocando cabrestos e jugos sobre as costas para significar a escravidão daqueles aos quais ele envia esses tipos. Se prestarmos atenção, esses tempos são como os de um mundo antigo, que em tudo diferem do novo: a vida civil, as leis, a maneira de fazer guerra, as cerimônias e a religião, tudo é absolutamente diferente. Só é preciso abrir Homero e o primeiro livro de Heródoto para se convencer de que nós não temos nenhuma semelhança com os povos da alta Antiguidade, e que devemos desconfiar de nosso julgamento quando tentamos comparar seus costumes com o nosso.

A própria natureza não era a mesma que é nos dias de hoje. Os magos tinham sobre ela um poder que não têm hoje. Encantavam serpentes, invocavam os mortos etc. Deus enviava sonhos e os homens os explicavam. O dom da profecia era comum. Viam-se metamorfoses como aquela em que Nabucodonosor se transformou em boi, a esposa de Ló em estátua de sal, cinco cidades em um lago betuminoso.

Havia espécies de homens que não existem mais. A raça de gigantes Refaím, Enim, Nefilim, Enacim desapareceu. Santo Agostinho, no livro V da *Cidade de Deus*, diz ter visto o dente de um gigante cem vezes maior que os nossos molares. Ezequiel (XXVII, II) fala dos pigmeus gamaditas, da altura de um côvado, que combatiam no cerco de Tiro. E em quase tudo isso os autores sagrados estão de acordo com os profanos. As enfermidades e os remédios não eram os mesmos que os de nossos dias: os possessos eram curados com a raiz *barad*, engastada em um anel que lhes colocavam sob o nariz.

Enfim, todo esse antigo mundo era tão diferente do nosso que não podemos dele tirar nenhuma regra de conduta. E se, nessa Antiguidade recuada, os homens se perseguiam e oprimiam por conta de seu culto, não se deveria imitar essa crueldade sob a lei da graça.

47. *Jeremias*, capítulo XXVII, versículo 6.

48. *Jeremias*, capítulo XXVIII, versículo 17.

49. *Isaías*, capítulo XLIV e XLV.

50. *Êxodo*, capítulo xx, versículo 5.

51. *Deuteronômio*, xxviii.

52. Há apenas uma passagem nas leis de Moisés da qual se poderia concluir que ele estava a par da opinião reinante entre os egípcios de que a alma não morre junto com o corpo. Essa passagem é muito importante, está no capítulo xviii do *Deuteronômio*: "Jamais consultai os adivinhos que predizem através da introspecção dos enxames, que encantam serpentes, que consultam o espírito de Píton, os videntes, os especialistas que interrogam os mortos e os questionam sobre a verdade".

Através dessa passagem, parece que se invocavam a alma dos mortos, esse pretenso sortilégio supunha a permanência das almas. Pode ser também que os mágicos dos quais fala Moisés, não sendo senão grandes impostores, não tivessem uma ideia distinta do sortilégio que acreditavam operar. Eles faziam crer que forçavam os mortos a falar, que os recolocavam, por sua magia, na situação em que esses corpos haviam estado em vida, sem sequer examinar se se podia inferir ou não, de suas operações ridículas, o dogma da imortalidade da alma. Os feiticeiros jamais foram filósofos, sempre foram malabaristas que atuavam diante de imbecis.

Ainda podemos destacar que é muito estranho que a palavra *Píton* se encontre no *Deuteronômio* muito tempo antes que essa palavra grega pudesse ser conhecida dos hebreus. Além disso, Píton não consta no hebraico, no qual não se tem nenhuma tradução exata.

Essa língua possui dificuldades intransponíveis: é uma mistura de fenício, egípcio, sírio e árabe, e essa antiga mistura está muito alterada hoje em dia. O hebreu sempre teve apenas dois tempos verbais, o presente e o futuro. É preciso intuir os outros tempos através do sentido. Vogais diferentes eram frequentemente representadas pelos mesmos caracteres, ou, na maioria das vezes, eles não expressavam as vogais, e os inventores dos pontos só fizeram aumentar a dificuldade. Cada advérbio tem vinte significações diferentes. A mesma palavra é tomada em sentidos contrários.

Acrescente-se a esse embaraço a secura e a pobreza da língua: os judeus, privados das artes, não podiam exprimir aquilo que ignoravam. Em uma palavra, o hebreu está para o grego o que o linguajar de um camponês está para o de um acadêmico.

53. *Ezequiel*, capítulo xviii, versículo 20.

54. Ibid., capítulo xx, versículo 25.

55. A opinião de Ezequiel prevaleceu enfim na sinagoga. Mas houve judeus que, crendo nas punições eternas, também acreditavam que Deus perseguia nos filhos as iniquidades dos pais. Hoje eles são punidos, além da quinquagésima geração, e ainda têm punições eternas a temer. Pergunta-se como os descendentes dos judeus, que não eram cúmplices da morte de Jesus Cristo, aqueles que estando em Jerusalém não tiveram nenhuma parte nisso, e aqueles

que estavam espalhados pelo resto da Terra, podem ser temporalmente punidos em seus filhos, tão inocentes quanto seus pais. Essa punição temporal, ou melhor, essa maneira de existir diferente dos outros povos, e de negociar sem possuir uma pátria, pode não ser vista como um castigo em comparação com as punições eternas que eles atraem para si por conta de sua incredulidade, e que podem evitar através de uma conversão sincera.

56. Aqueles que quiseram encontrar no Pentateuco a doutrina do inferno e do paraíso, tal como os concebemos, enganaram-se estranhamente. Seu erro se funda apenas numa vã disputa de palavras. A *Vulgata*, tendo traduzido a palavra hebraica *sheol*, fossa, por *infernum*, e a palavra latina *infernum* tendo sido traduzida em francês por *inferno*,* serviu-se desse equívoco para fazer acreditar que os antigos hebreus tinham a noção do *Hades* e do *Tártaro* dos gregos, que outras nações haviam conhecido antes por outros nomes.

É relatado no capítulo xvi dos *Números* (31-33) que a terra abriu sua boca sob as tendas de Coré, de Datã e Abirã, que ela os devorou junto com suas tendas e posses, e que foram precipitados vivos na sepultura, no subterrâneo. Certamente, esse lugar não se trata nem das almas desses três hebreus, nem dos tormentos do inferno, nem de uma punição eterna.

É estranho que, no *Dictionnaire encyclopédique*, no termo INFERNO, seja dito que os antigos hebreus *reconheceram sua realidade*. Se fosse assim, tratar-se-ia de uma contradição insustentável no *Pentateuco*. Como seria possível que Moisés tivesse falado em uma passagem única e isolada sobre penas após a morte, e que não tenha mais falado delas em suas leis? Cita-se o trigésimo segundo capítulo do *Deuteronômio* (versículo 21-24), mas de maneira truncada. Ei-lo inteiro: "Eles me provocaram com aquilo que não era Deus, e me irritaram com sua vaidade. Quanto a mim, provocá-los-ei com aquilo que não é povo, e irritá-los-ei com a nação insensata. E acendeu-se um fogo em meu furor, e ele queimará até o fundo da terra. Ele devorará a terra até seu germe, e queimará os fundamentos das montanhas. E reunirei sobre eles os males, e os inundarei com minhas flechas. Serão consumidos pela fome, as aves os devorarão com bicadas amargas. Enviarei sobre eles os dentes das bestas que se arrastam com furor pela terra, e as serpentes".

Haveria a menor relação entre essas expressões e a ideia das punições infernais tais como as concebemos? Parece mais que essas palavras só foram ditas para tornar evidente que nosso inferno era ignorado entre os antigos judeus.

O autor desse artigo ainda cita a passagem de *Jó*, no capítulo xxiv (15-19). "O olho do adúltero observa a escuridão, dizendo: Olho não me verá, e cobrirá seu rosto. Ele mira as casas nas trevas, como o havia dito no dia, eles a creem a sombra da morte, e assim marcham nas trevas como se fosse na luz. Ele é leve sobre a superfície da água, que sua parte seja maldita sobre a terra, que ele jamais

---

* No original: *enfer*. (N. T.)

ande sobre a senda da vinha, que as águas da neve se desfaçam sob um grande calor. E eles pecaram até a sepultura." Ou ainda: "A sepultura dissipou aqueles que pecam", ou ainda (segundo os *Setenta*), "seu pecado foi trazido à memória". Eu cito as passagens inteiras, e literalmente, sem o que é impossível de formar sobre elas uma ideia verdadeira.

Existe aí, eu vos questiono, uma única palavra com a qual se possa concluir que Moisés ensinara aos judeus a doutrina clara e simples das penas e das recompensas após a morte?

O livro de *Jó* não possui nenhuma relação com as leis de Moisés. Mais ainda, é bem verossímil que Jó sequer fosse judeu. É a opinião de São Jerônimo em suas questões hebraicas sobre o *Gênesis*. A palavra *Satã*, que está em *Jó* (I, 1, 6, 12), não era conhecida dos judeus, e jamais é encontrada no *Pentateuco*. Os judeus só conheceram esse nome na Caldeia, assim como os nomes de Gabriel e Rafael, desconhecidos antes de sua escravidão na Babilônia. Jó é, portanto, muito mal citado a esse respeito.

Cita-se, ainda, o último capítulo de *Isaías* (23, 24): "E de mês a mês, de sabá a sabá, toda carne virá me adorar, diz o Senhor. E sairão, e verão na via pública os cadáveres daqueles que prevaricaram. O verme deles não morrerá, seu fogo não se apagará, e serão expostos aos olhos de toda carne até a saciedade".

Certamente, se são atirados em via pública, se são expostos à visão dos passantes à vontade, se são devorados por vermes, isso não quer dizer que Moisés ensinou aos judeus o dogma da imortalidade da alma, e essas palavras, o *fogo não se apagará*, não significam que cadáveres que são expostos à visão do povo sofram as penas eternas do inferno.

Como se pode citar uma passagem de Isaías para provar que os judeus da época de Moisés haviam recebido o dogma da imortalidade da alma? Isaías profetizava, segundo o cálculo hebraico, no ano do mundo de 3380. Moisés vivia aproximadamente no ano de 2500.* Decorreram-se oito séculos entre um e outro. É um insulto ao senso comum, ou um puro gracejo, abusar assim da permissão de citar e pretender provar que um autor teve tal opinião, através da passagem de um autor surgido oitocentos anos depois, e que jamais falou sobre essa opinião. É indubitável que a imortalidade da alma, as penas e as recompensas após a morte, são anunciadas, reconhecidas e constatadas no Novo Testamento. E é indubitável que elas não se encontram em nenhuma parte do *Pentateuco*. E é isso o que o grande Arnauld diz nitidamente e com ímpeto em sua apologia de Port-Royal.

Os judeus, acreditando depois na imortalidade da alma, não foram esclarecidos sobre sua espiritualidade. Eles pensaram, como quase todas as outras

---

* O calendário hebraico é lunissolar (os meses são baseados no ciclo de lua, mas, periodicamente, o ano se ajusta ao ano solar) e sua contagem se inicia com a criação de Adão. (N. T.)

nações, que a alma é alguma coisa desvinculada, aérea, uma substância sútil, que retinha alguma aparência do corpo que animara. É isso o que chamam de *sombras*, os *manes dos corpos*. Essa opinião foi a de muitos dos Pais da Igreja. Tertuliano, em seu capítulo XXII *da Alma*, exprime-se assim: "*Definimus animan Dei flatu natam, immortalem, corporalem, effigiatam, substantia simplicem.* – Definimos a alma nascida do sopro de Deus, imortal, corpórea, figurada, simples em sua substância.*"

Santo Irineu diz, em seu livro II, capítulo XXXIV: "*Incorporales sunt animae quantum ad comparatione mortalium corporum.* – As almas são incorpóreas em comparação aos corpos mortais". Ele acrescenta que "Jesus Cristo ensinou que as almas conservam as imagens do corpo, – *caracterem corporum in quo adoptantur, etc*". Não se vê que Jesus Cristo já tenha ensinado essa doutrina, e é difícil adivinhar o sentido de Santo Irineu.

Santo Hilário é mais formal e mais positivo em seu comentário sobre São Mateus. Atribui nitidamente uma substância corporal à alma: "*Corpoream naturae suae substantiam sortiuntur*".

Santo Ambrósio, sobre Abraão, livro II, capítulo VIII, defende que não há nada de separado da matéria, a não ser a substância da Santíssima Trindade.

Poder-se-ia reprovar esses homens respeitáveis de possuir uma má filosofia. Mas é de se acreditar que, no fundo, sua teologia estava muito certa, pois, não conhecendo a natureza incompreensível da alma, asseguravam-na imortal e queriam-na cristã.

Nós sabemos que a alma é espiritual, mas não sabemos, em absoluto, o que é o espírito. Conhecemos muito imperfeitamente o que é a matéria, e é impossível ter uma ideia distinta daquilo que não é matéria. Muito pouco instruídos sobre aquilo que toca nossos sentidos, não podemos nada conhecer, por nós mesmos, sobre aquilo que está além dos sentidos. Transportamos algumas palavras de nossa linguagem ordinária nos abismos da metafísica e da teologia para termos alguma leve ideia de coisas que não podemos nem conceber, nem exprimir. Procuramos apoiarmo-nos nessas palavras, para sustentar, se é possível, nosso fraco entendimento nessas regiões ignoradas.

Assim servimo-nos da palavra *espírito*, que corresponde a *sopro* e *vento*, para exprimir alguma coisa que não é matéria. E dessas palavras sopro, vento, espírito, remetendo-nos a nossa revelia à ideia de uma substância desvinculada e leve, nós ainda tiramos o que podemos, para chegar a conceber a espiritualidade pura. Mas não alcançamos jamais uma noção distinta. Não sabemos sequer o que dizemos quando pronunciamos a palavra *substância*. Ela quer dizer, ao pé da letra, o que está abaixo, e por isso mesmo nos adverte que é incompreensível. Pois, com efeito, o quê é isso que está abaixo? O conhecimento dos segredos de Deus não é um bem desta vida. Mergulhados, aqui, em trevas profundas, nós nos batemos uns contra os outros, e trombamo-nos ao acaso no meio dessa noite, sem saber precisamente por que combatemos.

Se se quiser bem refletir atentamente sobre tudo isso, não há nenhum homem razoável que não conclua que devemos ter indulgência para com as opiniões dos outros, e dar-lhes seu mérito.

Todas essas remarcas não são estranhas ao fundo da questão, que consiste em saber se os homens devem tolerar-se: pois, se elas provam o quanto houve de enganos de uma parte e de outra em todos os tempos, elas também provam que os homens sempre deveram, em todos os tempos, tratar-se com indulgência.

57. O dogma da fatalidade é antigo e universal. É encontrado a todo o momento em Homero. Júpiter queria salvar a vida de seu filho Sarpédon, mas o destino o condenou à morte. Júpiter não pôde senão obedecer. O destino era, entre os filósofos, ou o encadeamento necessário das causas e dos efeitos necessariamente produzidos pela natureza, ou esse mesmo encadeamento produzido pela Providência, o que é muito mais razoável. Todo o sistema da fatalidade está contido nesse verso de Aneu Sêneca (epístola cvii):

"Ducunt volentem fata, nolentem trahunt".

Sempre se esteve de acordo que Deus governava o universo por leis eternas, universais e imutáveis. Essa verdade foi a fonte de todas as disputas ininteligíveis sobre a liberdade, pois jamais definiu-se a liberdade, até que o sábio Locke tenha surgido. Ele provou que a liberdade é o poder de agir. Deus concede esse poder; e o homem, agindo livremente segundo as ordens eternas de Deus, é uma das rodas da grande máquina do mundo. Toda a Antiguidade disputou teoricamente sobre a liberdade, mas ninguém foi perseguido por conta desse tema até os nossos dias. Que horror absurdo terem aprisionado e exilado por causa dessa controvérsia um Arnauld, um Sacy, um Nicole e tantos outros que foram a luz da França!

58. O romance teológico da metempsicose vem da Índia, de onde recebemos muito mais fábulas do que comumente se acredita. Esse dogma é explicado no admirável décimo quinto livro das *Metamorfoses* de Ovídio. Ele foi recebido em quase toda a Terra, sempre foi combatido. Mas não vemos, em absoluto, nenhum sacerdote da Antiguidade que alguma vez tenha ordenado à prisão de um discípulo de Pitágoras.

59. Nem os antigos judeus, nem os egípcios, nem os seus contemporâneos gregos acreditavam que a alma do homem fosse para o céu depois da morte. Os judeus pensavam que a lua e o sol estavam a algumas léguas acima de nós, no mesmo círculo, e que o firmamento era uma abóboda espessa e sólida que sustentava o peso das águas, as quais escapavam por algumas aberturas. O palácio dos deuses, para os antigos gregos, ficava sobre o monte Olimpo. A morada dos heróis após a morte ficava, na época de Homero, numa ilha além do Oceano, e essa era a opinião dos essênios.

---

* "Os fados guiam a quem se deixa levar, arrastam a quem resiste." (N. T.)

Desde Homero, atribuíram-se planetas aos deuses, mas não havia mais razão para os homens localizarem um deus na lua do que para aos habitantes da lua colocarem um deus no planeta Terra. Juno e Íris não tiveram outros palácios senão as nuvens, lá não havia onde repousar o pé. Entre os habitantes de Sabá, cada deus teve sua estrela, mas sendo uma estrela um sol, não há como lá habitar, apenas sendo da natureza do fogo. É, pois, uma questão muito inútil perguntar o que os antigos pensavam do céu; a melhor resposta é que eles não pensavam.

60. *São Mateus*, capítulo xxii, versículo 4.

61. *São Lucas*, capítulo xiv.

62. *São Lucas*, capítulo xiv, versículo 26 e ss.

63. *São Mateus*, capítulo xviii, versículo 17.

64. *São Mateus*, capítulo xxiii.

65. Ibid., capítulo xxvi, versículo 59.

66. *Mateus*, capítulo xxvi, versículo 61.

67. Era, com efeito, muito difícil aos judeus, para não dizer impossível, compreender, sem uma revelação particular, esse mistério inefável da encarnação do Filho de Deus, o próprio Deus. O *Gênesis* (capítulo vi) chama *filhos de Deus* os filhos dos homens poderosos. Do mesmo modo, os grandes cedros, nos *Salmos* (lxxix, 11), são chamados os *cedros de Deus*. Samuel (*I. Reis*, xvi, 15) diz que um *terror de Deus* caiu sobre o povo, quer dizer, um grande terror; um grande vento, um *vento de Deus*; a enfermidade de Saul, *melancolia de Deus*. Entretanto, parece que os judeus entenderam ao pé da letra que Jesus se disse filho de Deus no sentido próprio. Mas se eles viram essas palavras como uma blasfêmia, é talvez mais uma prova da ignorância na qual se encontravam em relação ao mistério da encarnação e de Deus, Filho de Deus, enviado sobre a Terra para a salvação dos homens.

68. Quando escrevíamos assim, em 1762, a ordem dos jesuítas não havia sido abolida na França. Se tivessem sido injustiçados, o autor certamente os respeitaria. Mas que nunca se esqueça que eles só foram perseguidos porque perseguiram, e que seu exemplo faça tremer aqueles que, sendo mais intolerantes que os jesuítas, quisessem um dia oprimir seus concidadãos que não abraçassem suas opiniões duras e absurdas.

69. Veja-se o excelente livro intitulado *O manual da Inquisição*.

Este livro foi impresso pela Paym Gráfica e Editora
em fonte Adobe Jenson Pro sobre papel Lux Cream 80 g/m²
para a Edipro na primavera de 2017.